NE능률 영어교과서

대한민국 고등학생 **10명 중 4.7명**이 보는 교과서

영어 고등 교과서 점유율 1위

(7차, 2007 개정, 2009 개정, 2015 개정)

KB124618

리딩튜터

그동안 판매된
리딩튜터 1,900만 부
차곡차곡 쌓으면 19만 미터

에베레스트 21배 높이

READING TUTOR

190,000m

에베레스트 8,848m

능률보카

그동안 판매된
능률VOCA 1,100만 부

대한민국 박스오피스
천만명을 넘은 영화 단 28개

VO CA

그래머존

그동안 판매된 450만 부의 그래머존을 바닥에 쭉 ~ 깔면

1000km 서울 - 부산 왕복가능

서울

부산

교재 검토에 도움을 주신 선생님들

1316
READING LEVEL 1

지은이	NE능률 영어교육연구소
선임연구원	김지현
연구원	이지영, 김윤아, 박현영
영문교열	Patrick Ferraro, Curtis Thompson, Keeran Murphy, Angela Lan
디자인	닷츠
내지 일러스트	수지, 한상엽, 박응식
맥편집	김재민
Photo Credits	Shutterstock, Wikimedia Commons

Let's grow together

NE능률이
미래를
창조합니다.

건강한 배움의 고객가치를 제공하겠다는 꿈을 실현하기 위해
40년이 넘는 시간 동안 열심히 달려왔습니다.

앞으로도 끊임없는 연구와 노력을 통해
당연한 것을 멈추지 않고

고객, 기업, 직원 모두가 함께 성장하는 NE능률이 되겠습니다.

기초부터 내신까지 중학 독해 완성

1316

1316 READING

LEVEL
1

STRUCTURE & FEATURES

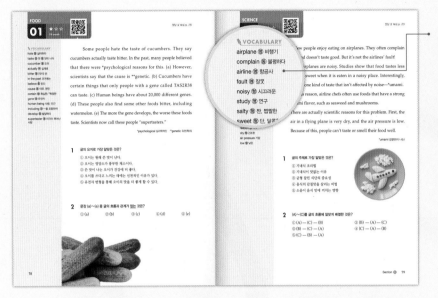

VOCABULARY

지문과 문제에 나오는 중요 단어의
의미를 확인해 볼 수 있습니다.
먼저 지문을 읽으면서 모르는 단어의
의미를 추론해 보고, 그 뜻이 맞는지
확인해 보세요.

유익하고 다채로운 지문

문화, 과학, 예술, 역사 등 약 20가지에
이르는 다양한 분야의 재미있고
유익한 정보를 담은 40개의 지문을
엄선했습니다.

ONE-PAGE READING

각 Section의 첫 번째, 두 번째 지문은
단문 독해 코너로, 짧은 글을 읽으며
비교적 간단한 문제를 풀어 보고,
부담 없이 영문 독해를 연습할 수 있습니다.

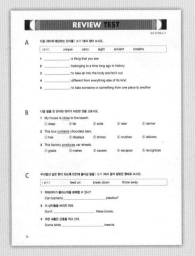

REVIEW TEST

각 Section의 마무리 코너로 Review Test
가 있습니다. 앞의 지문에서 배운 어휘와 숙어
를 다시 확인해 보세요. 다양한 유형의 문제들
로 어휘 응용력을 높일 수 있습니다.

WORKBOOK

각 지문에 대한 주요 어휘 및 핵심 구문을 복습
할 수 있도록 지문별 연습 문제를 제공합니다.
모든 문제가 지문 내용을 기반으로 출제되어
어려움 없이 복습이 가능합니다.

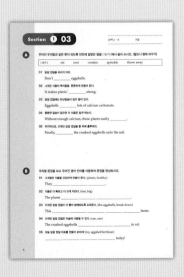

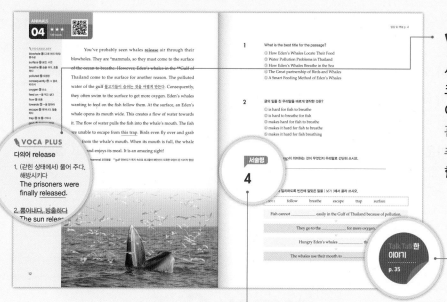

VOCA PLUS

세 번째, 네 번째 지문에만 제공되는 코너로, 지문에 나온 단어 중 주요 어휘를 골라 다의어, 접두사/접미사, 관련 어휘, 형태가 비슷한 어휘들을 추가로 수록하여 체계적인 단어 학습을 할 수 있습니다.

TWO-PAGE READING

각 Section의 세 번째, 네 번째 지문은 독해 실력을 한층 더 높일 수 있는 장문 독해 코너입니다. 이 지문들을 통해 긴 지문에 대한 두려움을 없애 보세요. 또한, 각 지문에 하나씩 있는 영어 지시문 문제를 통해 영어에 대한 자신감을 높일 수 있습니다.

다양한 서술형 문항

최근 내신 출제 경향을 반영한 다양한 서술형 문제들로 중등 내신에 완벽하게 대비할 수 있습니다.
도표 및 요약문을 완성하는 문제들을 제공하여 지문을 체계적으로 이해하는 데 도움을 줍니다.

TALK TALK한 이야기

2개의 장문 독해 중 하나는 Section 마지막 페이지의 〈Talk Talk한 이야기〉와 연결되어 있습니다. 마지막 문제 아래에 태그가 있는지 찾아보세요.
Talk Talk한 이야기에서는 지문과 관련된 배경지식 및 일반 상식들을 부담 없는 분량으로 담았습니다. 잠시 머리를 식힐 겸 가볍게 읽어 보세요. 여러분의 상식이 더 넓어질 거예요!

CONTENTS

Section

1

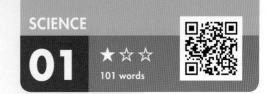
VOCABULARY

earthy (형) 흙의
scent (명) 냄새, 향기
cause (동) 야기하다, 초래하다
bacteria (명) 박테리아, 세균
(bacterium의 복수형)
wet (형) 젖은, 축축한
produce (동) 생산하다
unique (형) 독특한
recognize (동) 인식하다
be located 위치해 있다
moisture (명) 수분, 습기
carry (동) 나르다, 운반하다
hit (동) 치다; *튕겨내다

Have you ever smelled the air after it rains? It has an earthy scent. Some people think it's the smell of the rain itself. But rain doesn't have a smell. In fact, the smell is caused by bacteria. These bacteria live in the wet soil. They produce something called *geosmin. Geosmin has a unique smell that we all recognize. It is usually located between rocks. (A) This causes it to enter the air. (B) Then moisture in the air carries it to our noses. (C) When it rains, water hits the geosmin. That's why we can smell an earthy scent on a rainy day.

*geosmin 지오스민(흙냄새의 원인이 되는 천연물질)

1 문장 (A)~(C)를 글의 흐름에 알맞게 배열한 것은?

① (A) — (B) — (C)   ② (B) — (C) — (A)
③ (B) — (A) — (C)   ④ (C) — (B) — (A)
⑤ (C) — (A) — (B)

서술형

2 글의 내용과 일치하도록 빈칸에 알맞은 말을 본문에서 찾아 쓰시오.

When it rains, there is an _____ smell. This smell doesn't come from the rain. It is caused by _____ living in the soil.

SPACE

02

★☆☆
100 words

VOCABULARY

shine ⑧ 빛나다
term ⑲ 용어, 말
ancient ⑲ 고대의
Greek ⑲ 그리스인
close ⑧ 닫다 *⑲ 가까운
rise ⑧ 오르다, 올라가다;
*(해·달이) 뜨다
as well 역시, 또한
in the middle of ~의 중간 무렵에

It is very hot, and the sun is shining brightly. It's the "dog days" of summer! The term "dog days" came from the ancient Greeks. Long ago, they watched the brightest star in *Canis Major. Its name is Sirius, but it is also known as the dog star. During the hottest part of summer, Sirius is very close to the sun. It rises and **sets with the sun as well. Therefore, the ancient Greeks believed the hot weather was caused by these two stars. Today, the dog days usually start in early July and end in the middle of August.

*Canis Major 큰개자리   **set (해·달이) 지다, 저물다

1 글의 제목으로 가장 알맞은 것은?

① Sirius: The Brightest Star in the Sky
② The Ancient Mystery of the Dog Days
③ The Story Behind the Dog Days of Summer
④ Why We Love the Hottest Season of the Year
⑤ How Two Stars Make Summer Even Hotter

`서술형`

2 고대 그리스인들이 더운 날씨의 원인이 시리우스와 태양 때문이라고 여긴 이유를 우리말로 쓰시오. (2가지)

(1) _____

(2) _____

VOCABULARY

throw away ~을 버리다

eggshell (명) 달걀 껍질

contain (동) 들어 있다, 포함하다

root (명) 뿌리

rot (동) 썩다

keep ~ away ~을 멀리하다

pest (명) 해충, 유해 동물

piece (명) 조각

break down ~을 분해하다

sprinkle (동) 흩뿌리다

soil (명) 흙

VOCA PLUS

영양소와 관련된 어휘

calcium (명) 칼슘

vitamin (명) 비타민

mineral (명) 미네랄, 무기질

fat (명) 지방

protein (명) 단백질

carbohydrate (명) 탄수화물

Do you grow plants? Then don't throw away eggshells. They make plants healthy. Eggshells contain lots of *calcium carbonate. It makes plants' roots strong. So the plants grow faster and bigger. Eggshells are especially good for tomato plants. Without enough calcium, these plants easily rot. The smell of eggshells also keeps pests away. Making eggshell **fertilizer is simple. (a) First, clean and dry the eggshells. (b) Then crush them into small pieces. (c) This helps the eggshells break down faster. (d) The crushed eggshells can also be used in art. (e) Finally, sprinkle the crushed eggshells onto the soil around your plants. If you have plants, try making eggshell fertilizer today!

*calcium carbonate 탄산칼슘 **fertilizer 비료

1 글의 제목으로 가장 알맞은 것은?

① Why Tomatoes Need Eggshells
② How to Make Natural Fertilizer
③ Types of Plants that Need Calcium
④ How Eggshells Can Keep Pests Away
⑤ The Benefits of Using Eggshells as Fertilizer

2 글의 내용과 일치하면 T, 그렇지 않으면 F를 쓰시오.

(1) 달걀 껍질의 칼슘은 식물이 빠르게 성장할 수 있도록 돕는다. _____

(2) 달걀 껍질의 냄새는 해충을 식물로 끌어들인다. _____

(3) 달걀 껍질을 말려서 으깨면 더 빠르게 분해될 수 있다. _____

3 Which sentence is NOT needed in the passage?

① (a)　　　② (b)　　　③ (c)　　　④ (d)　　　⑤ (e)

서술형

4 다음 질문에 대한 답을 본문에서 찾아 우리말로 간단히 쓰시오.

> Why are eggshells good for tomato plants?

Talk Talk한
이야기
....
p. 15

VOCABULARY

blowhole 몧 (고래 머리 위의) 분수공

surface 몧 표면, 수면

breathe 통 숨을 쉬다, 호흡하다

polluted 혱 오염된

consequently 뮈 그 결과, 따라서

oxygen 몧 산소

feed on ～을 먹고 살다

flow 몧 흐름

towards 젠 ～을 향하여

escape 통 벗어나다, 탈출하다

trap 몧 덫 통 가두다

grab 통 움켜쥐다; *잡아채다

sight 몧 광경, 모습

문제

locate 통 (위치를) 찾다

partnership 몧 파트너십, 동반자 관계

VOCA PLUS

다의어 release

1. (갇힌 상태에서) 풀어 주다, 해방시키다
   The prisoners were finally released.

2. 뿜어내다, 방출하다
   The sun releases a large amount of energy.

3. (영화 등을) 개봉하다
   The movie was released this summer.

You've probably seen whales release air through their blowholes. They are *mammals, so they must come to the surface of the ocean to breathe. However, Eden's whales in the **Gulf of Thailand come to the surface for another reason. The polluted water of the gulf 물고기들이 숨쉬는 것을 어렵게 만든다. Consequently, they often swim to the surface to get more oxygen. Eden's whales wanting to feed on the fish follow them. At the surface, an Eden's whale opens its mouth wide. This creates a flow of water towards it. The flow of water pulls the fish into the whale's mouth. The fish are unable to escape from this trap. Birds even fly over and grab them from the whale's mouth. When its mouth is full, the whale closes it and enjoys its meal. It is an amazing sight!

*mammal 포유동물   **gulf 만(바다가 육지 속으로 파고들어 해안선이 오목한 모양이 된 지리적 형상)

1   What is the best title for the passage?

① How Eden's Whales Locate Their Food
② Water Pollution Problems in Thailand
③ How Eden's Whales Breathe in the Sea
④ The Great partnership of Birds and Whales
⑤ A Smart Feeding Method of Eden's Whales

2   글의 밑줄 친 우리말을 바르게 영작한 것은?

① is hard for fish to breathe
② is hard to breathe for fish
③ makes hard for fish to breathe
④ makes it hard for fish to breathe
⑤ makes it hard for fish breathing

서술형

3   밑줄 친 this trap이 의미하는 것이 무엇인지 우리말로 간단히 쓰시오.

_____

서술형

4   글의 내용과 일치하도록 빈칸에 알맞은 말을 | 보기 |에서 골라 쓰시오.

| 보기 | | follow | breathe | escape | trap | surface |

Fish cannot _____ easily in the Gulf of Thailand because of pollution.

▽

They go to the _____ for more oxygen.

▽

Hungry Eden's whales _____ them.

▽

The whales use their mouth to _____ the fish.

정답 및 해설 p. 5

A 다음 의미에 해당하는 단어를 | 보기 |에서 찾아 쓰시오.

| 보기 |　　　unique　　　carry　　　sight　　　ancient　　　breathe

1 _____ : a thing that you see

2 _____ : belonging to a time long ago in history

3 _____ : to take air into the body and let it out

4 _____ : different from everything else of its kind

5 _____ : to take someone or something from one place to another

B 다음 밑줄 친 단어와 의미가 비슷한 것을 고르시오.

1 My house is close to the beach.

　① deep　　　　② far　　　　③ wide　　　　④ near　　　　⑤ narrow

2 This box contains chocolate bars.

　① has　　　　② displays　　　　③ shines　　　　④ crushes　　　　⑤ delivers

3 This factory produces car wheels.

　① grabs　　　　② makes　　　　③ causes　　　　④ escapes　　　　⑤ recognizes

C 우리말과 같은 뜻이 되도록 빈칸에 들어갈 말을 | 보기 |에서 골라 알맞은 형태로 쓰시오.

| 보기 |　　　feed on　　　break down　　　throw away

1 박테리아가 플라스틱을 분해할 수 있니?

Can bacteria _____ plastics?

2 이 상자들을 버리지 마라.

Don't _____ these boxes.

3 어떤 새들은 곤충을 먹고 산다.

Some birds _____ insects.

달걀 껍질 활용백서

영양 만점 새 먹이

새를 키우고 있다면 달걀 껍질을 먹이로 이용해 봐. 달걀 껍질에 있는 칼슘이 암컷이 단단한 알을 낳는 데 도움을 주거든. 우선 달걀 껍질을 오븐에 넣고 120도에서 20분 정도 구워야 해. 잘 구워진 껍질을 오븐에서 꺼내 식힌 다음 잘게 부수면 영양 만점 먹이가 될 거야. 물론 껍질의 양과 오븐의 종류에 따라 굽기 차이가 있을 수 있으니까 껍질이 갈색으로 타지 않게 주의하도록 해!

화장실 물때 비켜!

화장실 청소할 때 많이 사용되는 락스는 유독한 물질이어서 꼭 마스크와 장갑을 착용해야 해. 또한 락스의 독한 냄새는 두통이나 구토 증상을 유발할 수도 있어. 대신 달걀 껍질을 써 보는 건 어때? 욕조나 세면대에 달걀 껍질 가루를 뿌린 다음 스펀지나 부드러운 수세미를 이용해 닦아 주면 물때를 말끔하게 제거할 수 있어!

입구 좁은 식기류 세척에 탁월

병이나 컵은 입구가 좁아서 전용 솔 없이는 세척하기가 어려워. 내부를 깨끗이 닦으려면 잘게 부순 달걀 껍질 1~2개, 따뜻한 물, 세제를 넣고 흔들어 봐! 껍질이 때를 제거하는 데 도움을 줄 거야. 특히 세척하기 까다로운 믹서기에도 효과적이야. 믹서기에 물과 달걀 껍질을 넣고 갈아주면 칼날이나 틈새까지 깨끗하게 세척할 수 있어. 갈고 난 후의 달걀 껍질은 버리지 말고 비료로 재활용할 수 있으니까 일석이조겠지?

Section

2

SCIENCE

01

★ ☆ ☆

104 words

✏ VOCABULARY

height 몡 높이

possible 혱 가능한

be made of ~으로 만들어
지다

mostly 분 주로, 대부분

iron 몡 철

temperature 몡 온도

effect 몡 영향

expand 동 팽창하다, 확장
하다

shrink 동 줄어들다

up to ~까지

original 혱 원래의, 최초의

wonder 동 궁금해하다

cause 동 야기하다, 일으
키다

professional 혱 전문적인

engineer 몡 기술자

Did you know that The Eiffel Tower's height changes? It is usually 330 meters tall. But in summer, it grows a few centimeters. And in winter, it gets shorter. How is this possible? The Eiffel Tower is made mostly of iron. Temperature has a strong effect on iron. Iron expands when it's hot. And it shrinks when it's cold. The tower can grow up to 15 centimeters taller in summer. It returns to its original size in winter. You might wonder if this is dangerous. Don't worry! The changes are small, so they don't cause any serious problems. Professional engineers keep the tower safe!

1 글의 주제로 가장 알맞은 것은?

① 에펠탑이 파리의 명소가 된 이유

② 여름에 주로 건축물을 짓는 이유

③ 에펠탑에 철이 주재료로 사용된 이유

④ 계절에 따라 에펠탑의 크기가 변하는 이유

⑤ 더운 날씨가 건축물에 부정적인 영향을 끼치는 이유

서술형

2 에펠탑은 여름에 얼마나 커질 수 있는지 본문에서 찾아 영어로 쓰시오. (4단어)

_____

NATURE

02

★ ☆ ☆
118 words

📖 VOCABULARY

look for ~을 찾다
adventure 명 모험
underwater 형 물속의, 수중의
sinkhole 명 싱크홀(움푹 패인 땅)
coast 명 해안
various 형 여러 가지의, 다양한
creature 명 생물
form 동 형성되다
flood 명 홍수 *동 물에 잠기게 하다
eventually 부 마침내
collapse 동 무너지다, 붕괴되다
huge 형 거대한
unfortunately 부 안타깝게도
last 동 계속되다, 지속되다
fill up with ~으로 가득 차다
sight 명 광경

Are you looking for adventure? Then you should visit the Great Blue Hole! It's a giant underwater sinkhole near the coast of *Belize. It is 318 meters across and 124 meters deep. The hole is known for its clear water and various ocean creatures. So it's a great place for diving and snorkeling. It is believed that the hole formed during the Ice Age. It was originally a cave on dry land. But sea levels began to rise and flooded it. Eventually, it collapsed, and a huge hole was created. Unfortunately, the Great Blue Hole won't last forever. It is slowly filling up with sand. So if you want to see this amazing sight, you should hurry up!

*Belize 벨리즈(중앙아메리카의 동남부에 있는 나라)

1 Great Blue Hole에 관해 본문에서 언급된 내용이 <u>아닌</u> 것은?

① where it is located   ② how big it is
③ what it is famous for   ④ how it was created
⑤ when it will disappear

서술형

2 Great Blue Hole이 영원히 지속될 수 <u>없는</u> 이유를 우리말로 간단히 쓰시오.

_____

VOCABULARY

break into ~에 침입하다

owner 명 주인

thief 명 도둑

security camera 보안
카메라

recognize 동 알아보다;
인지하다

place 동 두다, 놓다

customer 명 고객, 손님

suspect 명 용의자

post 동 게시하다

below 전 ~ 아래에

take a bite out of ~을 한
입 베어 먹다

arrest 동 체포하다

문제

decorate 동 장식하다

creative 형 창의적인

VOCA PLUS

소셜 미디어와 관련된 어휘

social media 명 소셜 미디어

comment 명 댓글

share 동 공유하다

influencer 명 영향력을 행사
하는 사람, 인플루언서

post 명 게시글, 포스트

views 명 조회수

subscriber 명 구독자

One night, someone broke into a bakery and stole some money. The owners saw the thief on their security camera video, but they didn't recognize him. Then they had an idea. They printed his picture on *edible paper. Then they placed the paper on top of cookies. They made 100 of these cookies and gave them to customers. They hoped (recognize, help, suspect, this, people, the, would). They also posted a picture of the cookies on social media. Below it, they wrote, "Take a bite out of the thief!" Eventually, the man was found and arrested. Although the police said the cookies weren't the reason they caught him, it was still a great idea!

*edible 먹을 수 있는, 식용의

1 What is the best title for the passage?

① Edible Images: A Great Way to Decorate Cookies
② A Thief Who Stole Cookies Instead of Money
③ A Baker During the Day, A Thief at Night
④ A Bakery's Creative Plan to Catch a Thief
⑤ Delicious Cookies Baked by the Police

2 제과점에서 도둑을 잡기 위해 한 일이 <u>아닌</u> 것은?

① 제과점 보안 카메라 영상에서 도둑의 모습을 찾았다.
② 도둑의 사진을 출력해 쿠키를 장식했다.
③ 약 100개의 쿠키를 손님들에게 나눠 주었다.
④ 소셜 미디어에 그 쿠키 사진을 올렸다.
⑤ 쿠키 사진 밑에 도둑에게 전하는 메시지를 썼다.

서술형

3 글의 (   ) 안에 주어진 단어를 바르게 배열하여 문장을 완성하시오.

_____

서술형

4 다음 영영 뜻풀이에 해당하는 단어를 본문에서 찾아 쓰시오.

to know or remember someone or something that you have seen before

_____

VOCABULARY

unusual 형 특이한, 흔치
않은

tradition 명 전통

choose 동 선택하다

goddess 명 여신

honor 명 영광

scar 명 흉터, 상처

courage 명 용기

palace 명 궁전

lonely 형 외로운

ceremony 명 의식

replace 동 대신하다

unfair 형 불공평한, 부당한

문제

mysterious 형 기이한,
불가사의한

risky 형 위험한

fear 명 두려움

VOCA PLUS

다의어 call

1. 동 (사람·물건을) ~라고
부르다
We call the dog "Max."

2. 동 전화하다
My teacher called me
yesterday.

3. 동 (큰 소리로) ~을 부르다
I heard somebody call
my name.

Nepal has an unusual tradition. Young girls are chosen to be living goddesses called Kumari. Being a Kumari is a big honor. So many parents want their daughters to become one. However, it can be difficult for the girls. To become a Kumari, a girl cannot have any scars. And she must have all her teeth. She must also have courage and a good voice. When a girl becomes a Kumari, everything changes. She leaves her family and lives in a palace. She has to wear red clothes and hair accessories all the time. The life of a Kumari is lonely. She can only leave the palace for ceremonies. She can't even visit her parents. She must live this way until another girl replaces her. Some people say this tradition is unfair to the girls. What do you think?

1 글의 제목으로 가장 알맞은 것은?

① The Mysterious Powers of Kumari
② The Difficult Life of Nepal's Kumari
③ The Unique Traditions of Nepal
④ The Secrets of Becoming a Kumari
⑤ The History of Nepal's Living Goddesses

2 What is NOT true according to the passage?

① 어린 소녀들이 Kumari로 선택된다.
② 많은 부모들은 딸이 Kumari가 되길 원한다.
③ Kumari가 되려면 몸에 흉터가 없어야 하고 용감해야 한다.
④ Kumari는 항상 빨간 옷을 입고 장신구를 착용해야 한다.
⑤ 한번 Kumari가 되면 영원히 Kumari로서 살아야 한다.

서술형

3 다음 영영 뜻풀이에 해당하는 단어를 본문에서 찾아 쓰시오.

> the ability to do risky things without showing fear

_____

서술형

4 Kumari의 삶이 외로운 이유를 우리말로 간단히 쓰시오. (3가지)

(1) _____

(2) _____

(3) _____

Talk Talk한
이야기
p. 25

REVIEW TEST

정답 및 해설 p. 8

A 다음 의미에 해당하는 단어를 | 보기 |에서 찾아 쓰시오.

| 보기 | huge various choose customer tradition

1 _____: a very old custom, belief, story, etc.

2 _____: being more than one, and of different kinds

3 _____: a person who buys goods or services

4 _____: to decide which person or thing you want

5 _____: extremely large

B 다음 밑줄 친 단어와 의미가 반대되는 것을 고르시오.

1 He has an <u>unusual</u> name.
   ① fair   ② easy   ③ common   ④ difficult   ⑤ impossible

2 The police <u>arrested</u> them yesterday.
   ① posted   ② placed   ③ caught   ④ released   ⑤ suspected

3 Metals <u>expand</u> when they are heated.
   ① last   ② share   ③ melt   ④ shrink   ⑤ replace

C 우리말과 같은 뜻이 되도록 빈칸에 들어갈 말을 | 보기 |에서 골라 알맞은 형태로 쓰시오.

| 보기 | look for   break into   take a bite out of

1 그는 복숭아를 한 입 베어 먹었다.
   He _____ the peach.

2 누군가가 나의 집을 침입했다.
   Someone _____ my house.

3 나는 내 휴대전화를 샅샅이 찾아 봤지만 못 찾았다.
   I _____ my cell phone everywhere, but I couldn't find it.

문화인가,
동물 학대인가

최근 kumari를 둘러싸고 아동학대가 아니냐는 비판의 목소리가 있습니다. 네팔뿐 아니라 세계 여러 나라에서도 논란의 중심에 있는 문화적 요소들이 있는데요. 여러분들은 어떻게 생각하나요?

소와 인간의 싸움

투우(Corrida de toros)는 스페인의 대표적인 문화로서 투우사가 창과 검으로 황소를 찔러 죽이는 퍼포먼스를 제공합니다. 투우사는 붉은 천을 휘둘러 황소를 흥분시키고 공격을 피하며 예술적인 동작을 선보이곤 하죠. 하지만 동물보호단체 등에서는 황소가 서서히 죽어가는 것을 구경하는 것이 너무 잔혹하다는 의견이 있습니다. 그들은 투우의 금지를 주장하는 운동을 벌입니다. 그에 반해 투우 옹호자들은 투우의 전통과 예술적 가치를 인정하며 고유한 문화를 유지해야 한다고 주장합니다.

인간의 과시욕이 부른 동물의 멸종 위기

트로피 헌팅(Trophy hunting)이란 야생 동물을 성공적으로 사냥 후 이를 과시하기 위해 전리품으로 박제하는 것을 의미합니다. 사냥을 오락 스포츠처럼 여기며 남아프리카공화국, 뉴질랜드, 멕시코 등 여러 나라에서 진행되고 있습니다. 불법 밀렵과는 달리 트로피 헌팅은 합법적인 활동이지만 높은 잔혹성과 생태계 파괴, 동물 멸종 위기 등 심각한 문제로 인해 트로피 헌팅 금지 운동이 확산되고 있습니다.

자판기에 고래고기가 있다고?

일본은 400년 이상 상업적 고래사냥을 지속해 왔습니다. 고래 고기를 먹는 것이 전통문화라 여기는 만큼 고래고기를 파는 자판기까지 있죠. 하지만 이에 대한 국제 사회의 비판이 자자합니다. 그 이유는 수류탄을 이용한 잔혹한 고래 사냥 방법과 고래의 개체 수 감소 때문입니다. 고래는 몸 속에 지방과 단백질 사이에 이산화탄소를 저장하는데, 이렇게 흡수하는 이산화탄소의 양은 33톤에 육박한다고 합니다. 따라서 고래는 온난화 시대에 꽤 중요한 존재입니다. 만약 상업 포경이 지속되면 어떤 일이 벌어질까요?

Section

3

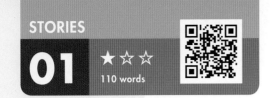
✏ VOCABULARY
riddle 명 수수께끼
be full of ~으로 가득 차다
make a suggestion
제안하다
find out ~을 알아내다
pay for ~의 값을 지불하다
agree 통 동의하다
discuss 통 논의[토의]하다
possible 형 가능한
keep one's word 약속을
지키다

One day, a writer was having lunch with three friends. She gave them a riddle. She said, "What starts with *T*, ends with *T*, and is full of *T*?" "T-shirt!" one answered. This was the wrong answer. A T-shirt isn't full of *T*. No one seemed to know the correct answer. So the writer made a suggestion. She said, "If you find out the answer, I will pay for lunch. If not, you have to buy lunch." Her friends agreed. They began discussing possible answers. After a while, they smiled and wrote something on a napkin. It was the correct answer! The writer was surprised, but she kept her word.

1 냅킨에 쓰여진 말로 가장 적절한 것은?

① T-shirt　　　　　　　② teapot
③ trust　　　　　　　　④ toilet
⑤ ticket

서술형

2 글의 밑줄 친 kept her word가 의미하는 것을 본문에서 찾아 알맞은 형태로 쓰시오. (3단어)

She _____.

TECHNOLOGY

02
★☆☆
115 words

📚VOCABULARY

use ⑧ 사용하다 ⑲ 용도
dish ⑲ 접시; *요리
hair-like ⑲ 털 같은
layer ⑲ (겹겹이 쌓인) 층
remove ⑧ 없애다, 제거하다
hard ⑲ 단단한
chemical ⑲ 화학의 *⑲ 화학
물질
remaining ⑲ 남아 있는
material ⑲ 재료
press down 꽉 누르다
environment ⑲ 환경
last ⑲ 마지막의 *⑧ 지속
되다
rot ⑧ 썩다
in addition 게다가
local ⑲ 지역의
economy ⑲ 경제
earn ⑧ (돈을) 벌다
extra ⑲ 추가의
unwanted ⑲ 원치 않는;
*쓸모없는

（문제）

replace A with B A를 B로
대체하다
challenger ⑲ 도전자
traditional ⑲ 전통적인

Coconuts are used in many dishes and products. Now, however, they have a new use. Scientists are turning them into *bioplastic. The scientists use the **husk of the coconuts. This is the hair-like layer. They remove the hard parts of the coconut husks with special chemicals. Then the remaining parts become a soft material. After it is pressed down with heat, it can be used as bioplastic. Coconut bioplastic is good for the environment. Husks are reused rather than thrown away. The bioplastic also lasts for a long time. This is because water doesn't make it rot. In addition, it helps the local economy. Farmers can earn extra money by selling their unwanted coconut husks.

*bioplastic 바이오플라스틱(식물 유래 자원을 원료로 이용해 생산하는 플라스틱)
**husk (씨앗 등의) 겉껍질

1 글의 제목으로 가장 알맞은 것은?

① The Various Uses of Coconut Husks
② Replacing Coconut Husks with Bioplastic
③ Going Green with Coconuts: The Future of Bioplastic
④ Bioplastic: A Challenger to Traditional Plastics
⑤ How Coconuts Can Help Local Economies

（서술형）

2 Coconut bioplastic의 장점을 본문에서 찾아 영어로 쓰시오. (3가지)

(1) It _____.

(2) It _____.

(3) It _____.

✎ VOCABULARY

emperor 명 황제
several 형 (몇)몇의
past 명 과거
about 전 ~에 대하여
*부 약, ~쯤
height 명 키, 신장
average 형 평균의
surround 동 둘러싸다
author 명 작가, 저자
enemy 명 적(군)
describe 동 묘사하다
문제
victory 명 승리
succeed 동 성공하다
rumor 명 소문
myth 명 근거 없는 믿음

✎ VOCA PLUS

길이와 관련된 어휘

feet 명 피트
(1 피트= 약 30.48 cm)
inch 명 인치
(1 인치 = 약 2.54 cm)
mile 명 마일
(1 마일 = 약 1.61 km)

Napoleon Bonaparte was the emperor of France. Everyone thinks ⓐ he was very short, but that's not true. There are several reasons for this. First of all, feet and inches were different in the past. They were longer than they are today. Napoleon was about 5 feet, 2 inches tall. Today, that would be 5 feet, 7 inches, or about 169 centimeters. This means his height was average at that time. Also, Napoleon was usually surrounded by ⓑ his guards. They were all about 10 centimeters taller than him. So they made ⓒ him look shorter. Finally, Russian author Leo Tolstoy wrote about ⓓ him in his book *War and Peace*. Napoleon was Russia's enemy, so ⓔ he described the emperor as a "little man."

1   What is this passage mainly about?

① Napoleon's greatest victories
② how Napoleon succeeded despite his height
③ the way to change feet and inches into centimeters
④ why people think Napoleon was short
⑤ the most famous rumors about Napoleon

2   글의 밑줄 친 ⓐ~ⓔ 중 가리키는 것이 <u>다른</u> 하나는?

① ⓐ   ② ⓑ   ③ ⓒ   ④ ⓓ   ⑤ ⓔ

서술형

3   다음 영영 뜻풀이에 해당하는 단어를 본문에서 찾아 쓰시오.

someone who writes a book

_____

서술형

4   글의 내용과 일치하도록 빈칸에 알맞은 말을 | 보기 |에서 골라 쓰시오.

| 보기 | shorter   longer   taller   described   surrounded

Napoleon's short height is a myth. In the past, feet and inches were _____ than they are now. His tall guards also made him look _____. Moreover, Tolstoy _____ him as a short person.

VOCABULARY
get to ~에 도착하다
on foot 걸어서, 도보로
probably (부) 아마
public (형) 공공의, 대중의
noise (명) 소음
furthermore (부) 게다가
attractive (형) 매력적인
choice (명) 선택(권)
tourist (명) 관광객
organized (형) 체계적인
system (명) 체계, 시스템
convenient (형) 편리한
experience (동) 경험하다
문제
benefit (명) 혜택, 이점
arrange (동) 정리하다, 배열
하다

VOCA PLUS
동사 + -ion → 명사
┌ pollute (동) 오염시키다
└ pollution (명) 오염
┌ discuss (동) 토론하다
└ discussion (명) 토론
┌ educate (동) 교육하다
└ education (명) 교육

How do you get to the hospital, shopping mall, and park from your home? If you can get there on foot, your city probably has a high walk score! (①) A walk score tells you how easy walking to public places is. (②) If the places are within a five-minute walk, the city gets the highest walk score. (③) First, there is less pollution in cities with high walk scores. (④) The air is cleaner because people don't need to drive everywhere. (⑤) These cities also have less noise because there aren't many cars on the road. Furthermore, they are an attractive choice for tourists. They usually have organized street systems. These systems make it more convenient for tourists to walk around the cities. So they can experience the city's culture more easily!

1   글의 주제로 가장 알맞은 것은?

① 워크 스코어가 높은 도시를 피하는 이유
② 친환경적으로 도시를 개발하는 방법
③ 도시의 워크 스코어를 확인하는 방법
④ 높은 워크 스코어를 지닌 도시의 장점
⑤ 관광객에게 체계적인 도로 시스템이 중요한 이유

2   Where would the following sentence best fit in the passage?

Having a high walk score has some benefits.

①   ②   ③   ④   ⑤

서술형

3   높은 워크 스코어를 가진 도시에서 관광객들이 더 편하게 다닐 수 있는 이유를 우리말로 쓰시오.

_____

서술형

4   다음 영영 뜻풀이에 해당하는 단어를 본문에서 찾아 쓰시오.

arranged in a way that is clear and easy to understand

_____

Talk Talk한
이야기
p. 35

A 다음 의미에 해당하는 단어를 | 보기 |에서 찾아 쓰시오.

| 보기 |　　　last　　　agree　　　extra　　　enemy　　　possible

1 _____ : to accept or say yes to an idea or suggestion

2 _____ : able to happen

3 _____ : to keep existing for a certain amount of time

4 _____ : in addition to the usual amount

5 _____ : someone who wants to harm another

B 다음 밑줄 친 단어와 의미가 반대되는 것을 고르시오.

1 This chair is very <u>hard</u>.

① dry　　　② wet　　　③ easy　　　④ soft　　　⑤ average

2 He <u>earns</u> 7,000 dollars a month.

① spends　　　② saves　　　③ discusses　　　④ removes　　　⑤ describes

3 In the <u>past</u>, smartphones did not exist.

① height　　　② layer　　　③ future　　　④ chemical　　　⑤ history

C 우리말과 같은 뜻이 되도록 빈칸에 들어갈 말을 | 보기 |에서 골라 알맞은 형태로 쓰시오.

| 보기 |　　　get to　　　pay for　　　be full of

1 내가 점심 값을 낼게.

I'll _____ lunch.

2 그 가게는 사람들로 가득 차 있다.

The shop _____ people.

3 서울역에는 어떻게 갈 수 있나요?

How can I _____ Seoul Station?

높은 워크 스코어를 가진 미국의 도시들

나는 이번 여름 방학에 미국 여행을 할 거야. 미국에서 여행하기 좋은 도시들을 추천해 줄래?

워크스코어를 참고해 보는 게 어때? 홈페이지에 샌프란시스코(San Francisco)가 무려 89점이라고 나와! 여행객들을 위한 케이블카와 대중교통 수단들이 잘 갖춰져 있고, 자전거를 타기에도 좋대!

혹시 뉴욕(New York)은 어때? 자유의 여신상을 꼭 보고 싶었거든.

뉴욕도 워크스코어가 88점으로 꽤 높네! 특히 지하철 노선이 아주 광범위해! 맨해튼(Manhattan)에서는 도보로 10~15분 정도 거리마다 지하철역이 있대. 박물관이나 센트럴 파크(Central Park)에 차 없이 갈 수 있겠는걸?

뉴욕도 꼭 가 봐야겠다. 미국 대통령이 사는 백악관(the White House)도 가보고 싶어. 백악관이 있는 곳은 어때?

백악관은 미국의 수도인 워싱턴(Washington) D.C.에 있어! 그곳도 77점으로 워크스코어가 비교적 높은 편이야. 자전거 공유 프로그램이 특히 잘 되어 있고, 거리가 정돈되어 있어서 돌아다니기 좋아.

WALK SCORE
89

Get your Walk Score
walkscore.com

워크스코어 공식 홈페이지 링크를 보내 줄게. 한번 들어가 봐!

오, 여기서 검색해야지. 워크스코어 정말 유용하다! 알려줘서 고마워 😊

Section

4

VOCABULARY

straight (부) 똑바로, 곧게

fishy (형) 비린내 나는

communicate (동) 의사소통
하다

each other 서로

up to ~까지, ~에 이르는

different (형) 서로 다른,
별개의

put ~ together ~을 조합
하다, 모으다

message (명) 메시지

sentence (명) 문장

antenna (명) (곤충의) 더듬이
(*pl.* antennae)

문제

diet (명) 식사, 음식

insect (명) 곤충

discovery (명) 발견

get A out of B A를 B에서
내보내다

Do you smell something sweet? Then you should go straight. What if you smell something fishy? That means you should turn right. This is how ants communicate with each other. Most ants can use up to 20 different smells to communicate. They use smells the same way we use words. Each one has a different meaning. When they put smells together, they can make different messages, like the way we make sentences. When an ant makes smells, the other ants use their antennae to smell and understand the message. Often, ants use smells to tell other ants where to find food.

1 글의 제목으로 가장 알맞은 것은?

① The Special Diet of Ants
② The Smells That Insects Make
③ How Ants Use Smell to Communicate
④ The Discovery of a New Kind of Ant
⑤ How to Get Ants Out of Your House

서술형

2 개미가 여러 가지 메시지를 만들어 내는 방법을 본문에서 찾아 영어로 쓰시오.

_____

38

✎ VOCABULARY

regularly (부) 정기적으로
professional (형) 전문적인
come across 우연히 마주
치다
hook (명) 갈고리, 낚싯바늘
in pain 아픈
reach (동) ~에 이르다; *(손을)
뻗다
remove (동) 없애다, 제거하다
afterward (부) 그 후에
rub against ~에 대고 비비다
appreciate (동) 고마워하다
so far 지금까지
문제
explore (동) 탐험하다
terrifying (형) 무서운
underwater (형) 물속의,
수중의
incredible (형) 믿을 수 없는;
*놀라운

Would you put your hand inside a shark's mouth? Cristina Zenato does this regularly. She is a professional diver. She has been diving with sharks for more than 25 years. One day, she came across a shark with a hook in its mouth. It seemed to be in pain, so she carefully reached inside its mouth and removed the hook. Afterward, the shark rubbed against her leg. It seemed to appreciate her help. Since then, Zenato has been removing hooks from the mouths of sharks every time she sees one. So far, she has removed more than 300 hooks. Zenato wants people to understand that sharks feel pain just like people do.

1 글의 제목으로 가장 적절한 것은?

① The Joy of Exploring the Ocean
② A Terrifying Underwater Adventure
③ A Special Challenge: Diving with Sharks
④ An Incredible Woman Who Helps Sharks
⑤ A Brave Diver Who Keeps Sharks as Pets

[서술형]

2 Zenato가 고리를 제거해 준 후 상어가 한 일을 본문에서 찾아 영어로 쓰시오.

_____

VOCABULARY

dream of ~을 꿈꾸다

ocean 몡 바다

cave 몡 동굴

adventure 몡 모험

instructor 몡 지도자, 강사

cost 몡 비용

including 젠 ~을 포함하여

snorkel 몡 스노클(잠수용 호흡 기구)

fin 몡 지느러미; *(잠수용) 물갈퀴[오리발]

wet suit 잠수복

register 툥 등록하다

discount 몡 할인

miss 툥 *놓치다; 그리워하다

문제

include 툥 포함하다

VOCA PLUS

다의어 chance

1. 몡 가능성
   You have a high <u>chance</u> of winning.

2. 몡 기회
   The company gave me a <u>chance</u>.

3. 몡 우연; 운
   We first met by <u>chance</u>.

www.boscubadiving.com

Do you dream of swimming with fish in the ocean? How about exploring underwater caves? Would you like to see the Bahamas' famous *manta rays and **oceanic whitetip sharks? Then scuba diving with Blue Ocean Adventures is for you!

- <u>(to finish, only takes, the class, two days, It)</u>.
- We have classes every day of the week.
- There is one instructor for every three students.
- The cost is just $300 per person (including a diving mask, a snorkel, fins, a wet suit, and a scuba tank).

You can register by phone or on the internet. You will get a 20% discount if you register by the end of this month. Don't miss this great <u>chance</u>!

*manta ray 쥐가오리   **oceanic whitetip shark 장완흉상어

1 What is the best choice for the blank?

① Join a Scuba Diving Competition in the Bahamas!
② See Beautiful Ocean Animals at the Bahamas Aquarium!
③ Learn Scuba Diving in the Bahamas with Blue Ocean Adventures!
④ Don't Miss Big Sales on the Blue Ocean Scuba Diving Show!
⑤ Welcome to the Newly Opened Blue Ocean Scuba Diving Store!

2 Blue Ocean Adventures에 대한 설명 중 일치하지 <u>않는</u> 것은? (2가지)

① You can see the Bahamas' famous ocean animals.
② You can't take lessons on the weekends.
③ There are five students and one instructor in each class.
④ The cost of $300 includes a wet suit and a scuba tank.
⑤ You can register on the internet.

서술형

3 글의 (   ) 안에 주어진 단어를 바르게 배열하여 문장을 완성하시오.

_____

서술형

4 이번 달 말까지 등록하면 어떤 혜택이 있는지 우리말로 쓰시오.

_____

VOCABULARY

research 몡 조사, 연구
tool 몡 도구
organize 동 조직하다;
*정리하다
recent 혱 최근의
translate 동 번역하다
language 몡 언어
creator 몡 창작자
compose 동 구성하다;
*작곡하다
a couple of 둘의; *몇 개의
judge 동 판단하다
double-check 동 재확인
하다
make sure 확실하게 하다
accurate 혱 정확한
permission 몡 허락
work 몡 일; *작업물
issue 몡 주제[안건]; *문제
문제
misuse 동 남용[오용]하다

VOCA PLUS

un + 형용사 → 반의어

able 혱 할 수 있는
unable 혱 할 수 없는

proven 혱 증명된
unproven 혱 증명되지
않은

comfortable 혱 편안한
uncomfortable 혱 불편한

Teacher: ChatGPT is an *AI program that can be used by anyone. Some people think it is an excellent research tool. Others are worried that it might cause problems. What do you think?

*AI(Artificial Intelligence) 인공지능

Jennie: ChatGPT helps students in many ways. It can find and organize the most recent information. This allows students to write better. And it can translate their writing into another language. Also, ChatGPT is an excellent creator. It composes music, writes novels, and even paints! More interestingly, ChatGPT is still developing.

Ben: ChatGPT is helpful, but there are a couple of problems. First, it is unable to judge whether information is correct or not. (a) If someone teaches it unproven facts, it may include them in its research. (b) So we always need to double-check ChatGPT's results. (c) Researchers always check their information to make sure their writing is accurate. (d) Second, ChatGPT does not ask for permission to use people's work. (e) So if we don't check its results carefully, there can be **copyright issues.

**copyright 저작권, 판권

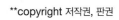

1 다음 중 Ben과 같은 의견을 가진 사람은?

① 윤아: ChatGPT는 좋은 글을 쓰는 데 많은 도움이 돼.
② 현영: ChatGPT 덕분에 번역가를 고용할 필요가 없어졌어.
③ 지영: 나는 최신 정보를 얻기 위해 ChatGPT를 사용해.
④ 민준: 우리는 ChatGPT를 책임감 있게 사용해야 해.
⑤ 호석: ChatGPT는 계속해서 발전하고 있어.

2 Which sentence is NOT needed in the passage?

① (a)　　　② (b)　　　③ (c)　　　④ (d)　　　⑤ (e)

서술형

3 다음 질문에 대한 답을 본문에서 찾아 우리말로 쓰시오.

> Why does Jennie think that ChatGPT is an excellent creator?

_____

서술형

4 글의 내용과 일치하도록 빈칸에 알맞은 말을 | 보기 |에서 골라 쓰시오.

| | 보기 | judge | translate | write | copyright | compose |

What do you think about ChatGPT?		
Pros	It can help students _____ better.
	It can _____ writing into different languages.
	It can _____ music, write novels, and paint.
Cons	It can't _____ if information is right or wrong.
	_____ issues can occur if it is misused.

Talk Talk한
이야기
p. 45

REVIEW TEST

정답 및 해설 p. 16

A 다음 의미에 해당하는 단어를 | 보기 |에서 찾아 쓰시오.

| 보기 |　　recent　　　register　　　adventure　　　discount　　　appreciate

1 _____ : price reduction

2 _____ : to be grateful for something

3 _____ : happening or beginning a short time ago

4 _____ : to put one's name on a list in order to do something

5 _____ : an experience that is exciting but a little dangerous

B 다음 밑줄 친 단어와 의미가 비슷한 것을 고르시오.

1 Some kids are swimming in the <u>ocean</u>.

　① sea　　　　② lake　　　　③ river　　　　④ stream　　　　⑤ pool

2 Give me another <u>chance</u>.

　① cost　　　　② tool　　　　③ possibility　　　　④ work　　　　⑤ opportunity

3 This website provides <u>accurate</u> information.

　① personal　　　② wrong　　　③ correct　　　④ different　　　⑤ useful

C 우리말과 같은 뜻이 되도록 빈칸에 들어갈 말을 | 보기 |에서 골라 알맞은 형태로 쓰시오.

| 보기 |　　　　make sure　　　dream of　　　put together

1 서랍장을 조립하려면 못이 필요합니다.

I need nails to _____ a dresser.

2 시험지에 이름을 썼는지 반드시 확인하세요.

Please _____ that you write your name on the exam sheet.

3 그들은 만화가가 되기를 꿈꾼다.

They _____ becoming cartoonists.

Talk Talk한 이야기

내 취향을 저격하는 알고리즘의 정체는?

> 며칠 전부터 새 가방이 갖고 싶었는데 SNS에 내가 딱 원하는 가방 광고가 뜬 거 있지? 정말 신기하지 않아?

neungyule_1316reading

♥ 123 likes

> 아~ 그건 알고리즘 마케팅(algorithm marketing) 때문이야.

> 알고리즘 마케팅? 몇 번 들어본 것 같은데 .... ChatGPT처럼 인공지능을 활용하는 건가?

> 유사하면서도 달라. 알고리즘 마케팅은 우리가 검색한 내용을 기반으로 한 맞춤형 광고라고 생각하면 쉬워. 이전에 저 가방과 비슷한 가방을 검색해 본 적이 있지?

> 응, 맞아! 여러 브랜드의 가방을 찾아봤어!

> 빅데이터(big data)를 기반으로 너의 검색 기록을 분석해서 소비 성향을 파악한 거야. 불특정 다수가 아닌 유사한 성향을 보인 특정 소비자 집단을 대상으로 광고하는 것이 바로 알고리즘 마케팅이지.

> 그런데 몇 가지 방식이 있어! 첫 번째로 '협업 필터링'은 사용자와 비슷한 성향을 보인 다른 사용자가 좋아한 콘텐츠를 제공해 주는 거야. 나랑 비슷한 취향을 가진 사람이 좋아하는 걸 나도 좋아할 확률이 크겠지?
> 두 번째로 '콘텐츠 기반 필터링'이야. 이건 사용자가 좋아하는 콘텐츠와 유사한 콘텐츠를 제공해 주는 거야. 예를 들어 K-pop을 자주 듣는 사용자에게 K-pop 신곡을 추천 목록에 띄우는 거지!

> 내가 이렇게 순식간에 파악 당하다니! 😮

Section

5

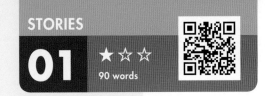
VOCABULARY

parrot 명 앵무새
worry 동 걱정하게 만들다
usual 형 평상시의, 보통의
farewell 명 작별 (인사)
stay up all night 밤새우다
realize 동 깨닫다

[문제]

greeting 명 인사
final 형 마지막의
friendship 명 우정

Mr. Brown lived with an old parrot. His parrot was a good friend to him for many years. It was good at speaking. Every night, before going to bed, the parrot said to Mr. Brown, "Good night. See you soon!" One night, however, the parrot only said, "Good night!" This worried Mr. Brown because it was not the parrot's usual farewell. He decided to stay up all night to watch the parrot. But his parrot never woke up again. Then he realized why the parrot didn't say, "See you soon."

1 글의 제목으로 가장 알맞은 것은?

① A Special Greeting from a Parrot
② The Final Message of an Old Friend
③ A Parrot Who Can See the Future
④ The Secret to Teaching a Parrot to Talk
⑤ Friendships between Humans and Animals

[서술형]

2 그날 밤 앵무새가 평상시와 다르게 인사한 이유를 우리말로 간단히 쓰시오.

_____

A girl is happily reading a book aloud. She usually has trouble reading. But today a special friend is listening to her. Surprisingly, it's a dog! This is a special kind of reading program for children with learning problems. These children often feel nervous and upset when they have to read in front of others. They worry about being laughed at. That's why a dog is the perfect audience. Therapy dogs are specially trained to listen patiently while children read. They never laugh. This makes the kids relax. And when the kids relax, they can read better.

1 글의 내용과 일치하도록 빈칸 (A)와 (B)에 들어갈 말이 알맞게 짝지어진 것은?

> Dogs are used in a special program for children who have difficulty _____(A)_____. Because the dogs listen patiently, they help the children _____(B)_____.

	(A)	(B)		(A)	(B)
①	speaking	relax	②	speaking	focus
③	listening	laugh	④	reading	relax
⑤	reading	laugh			

서술형

2 학습 장애가 있는 아이들이 다른 사람들 앞에서 책을 읽을 때 어떤 증상을 보이는지 본문에서 찾아 우리말로 쓰시오.

_____

VOCABULARY

wake up 깨어나다
stressed ⑱ 스트레스를 받는
frequently ⑭ 자주, 흔히
regret ⑧ 후회하다
fall asleep 잠들다
skip ⑧ 깡충깡충 뛰다; *(일을) 거르다
breakfast ⑲ 아침 식사
agree with ~에 동의하다
produce ⑧ 생산하다
hormone ⑲ 호르몬
common ⑱ 흔한
experience ⑧ 경험하다
⑲ 경험
exercise ⑧ 운동하다
control ⑧ 통제하다
desire ⑲ 욕구, 갈망
keep a journal 일기를 쓰다
reduce ⑧ 줄이다, 축소하다
〔문제〕
increase ⑲ 증가

VOCA PLUS

다의어 sentence

1. ⑲ 문장
   The sentence is grammatically wrong.

2. ⑲ 형벌, 형
   a death sentence

3. ⑧ (형을) 선고하다
   He was sentenced to 20 years in prison.

☑ I often wake up feeling hungry at night. YES NO

☑ I eat a lot when I get stressed or feel sad. YES NO

☑ I frequently eat late at night and regret it. YES NO

☑ I have difficulty falling asleep before 1:00 a.m. YES NO

☑ I usually skip breakfast and don't feel hungry until late afternoon. YES NO

If you agree with these sentences, you might have *night eating syndrome (NES). (①) At night, the body produces more of two hormones, melatonin and leptin. (②) Melatonin helps us fall asleep, and leptin makes us less hungry. (③) So, they feel hungry and can't sleep. (④) Doctors aren't sure why this happens, but NES is more common when people are stressed. (⑤) If you experience NES, there are some things you can do to stop it. First, exercise at night. This will help you control the desire for food. Also, keep a journal about what you eat and how you feel. This will help reduce your night eating.

*night eating syndrome 야식증후군(NES)

1   Where would the following sentence best fit in the passage?

> But people with NES don't experience the increase in these hormones.

①   ②   ③   ④   ⑤

2   글의 내용과 일치하면 T, 그렇지 않으면 F를 쓰시오.

(1) 야식증후군을 앓는 사람은 쉽게 잠에 들지 못한다.   ————

(2) 야식증후군은 스트레스와 관련이 있는 것으로 추정된다.   ————

(3) 밤에 운동하는 것은 야식증후군을 악화시킬 수 있다.   ————

서술형

3   Melatonin과 leptin의 역할을 본문에서 찾아 우리말로 간단히 쓰시오.

(1) melatonin: _____

(2) leptin: _____

서술형

4   다음 영영 뜻풀이에 해당하는 표현을 본문에서 찾아 쓰시오.

> to write down your experiences and feelings

_____

🖊 VOCABULARY

represent (통) 대표하다;
*나타내다

poisonous (형) 독이 있는

chemist (명) 화학자

commonly (부) 흔히, 보통

wallpaper (명) 벽지

sickness (명) 질병, 아픔

contain (통) ~이 들어 있다,
포함하다

poison (명) 독

replace (통) 대신하다

prefer (통) 선호하다

suffer from ~을 앓다,
~으로 고통 받다

go blind 눈이 멀다, 시력을
잃다

eventually (부) 결국

forbid (통) 금지하다 (forbid-
forbade-forbidden)

improve (통) 개선하다

fear (통) 두려워하다

〔문제〕

popularity (명) 인기

symbol (명) 상징(물)

impact (명) 영향, 충격

unfortunately (부) 불행히도,
유감스럽게도

as well 역시, 또한

deadly (형) 치명적인

🖊 VOCA PLUS

동사 + -ment → 명사

┌ environ (통) 둘러싸다
└ environment (명) 환경

┌ agree (통) 동의하다
└ agreement (명) 동의, 합의

┌ develop (통) 발달하다; 개발
│ 하다
└ development (명) 발달;
　개발

Green is the color of nature. Today, green represents things that are good for the environment. But in the past, it did not. In fact, it was poisonous. Scheele's green was created by a Swedish chemist in 1775. It was commonly used in wallpaper, clothes, and even children's toys. However, people started getting sick. (①) Later, it was discovered that Scheele's green caused the sickness. (②) That's because it contained poison! (③) As a result, it was replaced by a *pigment called Paris green in the 19th century. (④) Paris green became well known because it was preferred by French artists. (⑤) Due to Paris green, Cézanne suffered from **diabetes and Monet went blind. Like Scheele's green, it was eventually forbidden. Today's green pigments have been improved and are no longer dangerous. So you don't need to fear green!

*pigment 색소, 염료　**diabetes 당뇨병

1 What is this passage mainly about?

① the popularity of Paris green
② the use of green as a symbol of nature
③ the way to use green pigment as a poison
④ the environmental impact of green
⑤ the dangers of green pigments in the past

2 글의 흐름으로 보아 주어진 문장이 들어갈 위치로 가장 적절한 곳은?

> Unfortunately, it turned out to be poisonous as well.

①   ②   ③   ④   ⑤

서술형

3 Paris green이 화가들에게 미친 영향을 본문에서 찾아 우리말로 쓰시오.

_____

서술형

4 글의 내용과 일치하도록 빈칸에 알맞은 말을 | 보기 |에서 골라 쓰시오.

| 보기 | created   safe   replaced   represented   poisonous

A Swedish chemist _____ Scheele's green in 1775. It was used in many products. However, it was _____ and made people sick. It was _____ by Paris green. Sadly, Paris green was also deadly. Today, green isn't dangerous. So, you're _____ around green!

Talk Talk한
이야기
p. 55

Section ❺   53

REVIEW TEST

정답 및 해설 p. 20

A 다음 의미에 해당하는 단어를 | 보기 |에서 찾아 쓰시오.

| 보기 | skip   perfect   audience   realize   aloud

1 _____ : in a voice that others can hear

2 _____ : exactly right for something or somebody

3 _____ : to not do or not have something usual or expected

4 _____ : to become aware of a particular thing

5 _____ : the listeners or viewers of a performance

B 다음 밑줄 친 단어와 의미가 비슷한 것을 고르시오.

1 It was not <u>usual</u> for him to be so late.
　① nervous　　② upset　　③ rare　　④ normal　　⑤ strange

2 <u>Eventually</u>, he passed the exam.
　① Patiently　　② Lately　　③ Finally　　④ Recently　　⑤ Fortunately

3 Doves are usually used to <u>represent</u> peace.
　① fear　　② symbolize　　③ remove　　④ produce　　⑤ experience

C 우리말과 같은 뜻이 되도록 빈칸에 들어갈 말을 | 보기 |에서 골라 알맞은 형태로 쓰시오.

| 보기 | wake up   laugh at   suffer from

1 다른 사람들이 실수할 때 비웃지 말아라.
　Don't _____ others when they make mistakes.

2 그들은 해돋이를 보기 위해 일찍 일어났다.
　They _____ early to see the sunrise.

3 그는 며칠 전에 두통을 앓았다.
　He _____ a headache a few days ago.

독을 먹은 과학자 칼 빌헬름 셸레

최초로 산소를 발견한 과학자!

'셸레 그린'이라는 초록색 색소를 발명한 칼 빌헬름 셸레(Carl Wilhelm Scheele)는 스웨덴 출신의 화학자예요. 셸레는 어려운 가정형편 때문에 학교에 가지 못했고, 열네 살 때부터 약국에서 일하며 자연스럽게 화학 연구에 대한 열망을 갖게 되었죠.

성인이 된 후, 그는 약국을 운영하며 많은 화학실험을 했고 염소, 망간, 질소 등 수많은 원소의 존재를 밝혀냈죠. 그의 실험 중 가장 주목받는 것은 1772년에 수행한 산소 관찰 실험이었어요. 그는 이산화 망간, 과망간산 칼륨, 황산을 이용하여 산소를 분리하는 데 성공했어요!

Carl Wilhelm Scheele

Joseph Priestley

셸레의 좌절과 불행

하지만 산소의 관찰이 담긴 그의 책이 출판소의 문제로 1777년에 비로소 출간되었고, 결국 '산소의 최초 발견자'라는 명예를 얻지 못하게 됐죠. 이미 1774년 영국의 화학자 조지프 프리스틀리(Joseph Priestley)와 프랑스의 앙투안 라부아지에(Antoine Lavoisier)가 산소를 발견한 상태였기 때문이죠. 산소의 발견 외에도 다른 화학자들에게 간발의 차이로 선수를 빼앗겨 빛을 보지 못한 연구 성과들이 더 있었어요.

불행히도, 셸레의 업적이 부각되지 못한 것은 일찍 사망했기 때문이기도 해요. 그는 연구에 몰두한 나머지 비소, 수은, 납 같은 유독한 물질을 맛보고 냄새를 맡는 위험한 일을 반복했고, 그로 인해 병세가 악화하여 마흔네 살이라는 젊은 나이에 세상을 떠나게 되죠. 수많은 화학적 발견을 했음에도 불구하고, 주목받지 못한 비운의 과학자 셸레! 이제라도 우리가 그의 이름을 기억해 주는 것은 어떨까요?

Antoine Lavoisier

Section

6

Do you want to draw beautiful pictures, but you're not good at drawing? AutoDraw can help you! Google made this program. You can use it on your computer or smartphone. You just draw a picture. When you draw, the program's *artificial intelligence tries to guess what you are drawing. (a) Then it will offer you some better pictures than yours! (b) But AutoDraw does more than just that. (c) It also helps Google improve its artificial intelligence. (d) Google is best known for its search engine. (e) When you select one of AutoDraw's suggestions, the artificial intelligence knows it has made a good guess. Over time, the artificial intelligence gets smarter and smarter!

*artificial intelligence 인공지능(AI)

1 AutoDraw에 대하여 바르게 이해한 학생끼리 짝지어진 것은?

> 진구: AutoDraw는 컴퓨터에서만 설치가 가능한 프로그램이야.
> 혜진: AutoDraw는 내가 그리는 걸 인식할 수 있어.
> 현영: AutoDraw는 원하는 그림을 말로 설명하면 직접 그려줘.
> 재훈: AutoDraw의 제안을 선택할수록 그것은 더 정교하게 작업할 수 있어.

① 현영, 재훈　　　　　　　② 혜진, 재훈
③ 혜진, 현영　　　　　　　④ 진구, 재훈
⑤ 진구, 현영

2 문장 (a)~(e) 중 글의 흐름과 관계가 없는 것은?

① (a)　　② (b)　　③ (c)　　④ (d)　　⑤ (e)

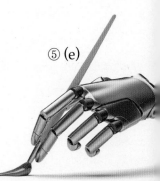

PLACES

02

★ ☆ ☆

102 words

VOCABULARY
visit (명) 방문 (동) 방문하다
complete (형) 완전한
underground (형) 지하의
museum (명) 박물관
reduce (동) 줄이다
traffic (명) 교통량
natural sunlight 자연광
bright (형) 밝은
cheerful (형) 발랄한; *쾌적한
be connected to ~와 연결
되다
subway (명) 지하철
half ~ ~의 절반, ~의 2분의 1
million (명) 100만
including (전) ~을 포함하여
similar (형) 비슷한

A visit to Montreal is never complete without going to RÉSO, the underground city. RÉSO has museums, banks, hotels, and shopping malls. It was built in order to reduce traffic and make life easier during winter. Even on the coldest days, you don't need a coat. And RÉSO was designed to let lots of natural sunlight enter. So it's bright and cheerful! RÉSO is also connected to the Montreal subway system. People can easily go in and out of RÉSO. Around half a million people visit RÉSO every day. Many other cities, including Seoul, are now planning similar projects. Aren't you excited?

1 RÉSO에 대한 설명 중 글의 내용과 일치하지 <u>않는</u> 것은?

① 박물관, 은행, 호텔과 쇼핑몰이 있다.
② 추운 날에도 외투를 입지 않고 다닐 수 있다.
③ 자연광이 거의 들어오지 않는다.
④ 지하철과 연결되어 있다.
⑤ 매일 약 50만 명의 사람들이 방문한다.

서술형

2 RÉSO를 건설한 이유를 본문에서 찾아 우리말로 쓰시오.

"Leftovers" are the food that remains after a meal is finished. They may not look ⓐ fresh, but certain dishes taste even better the next day. This is because their taste continues ⓑ to change after they are cooked. This is especially true with fatty foods, including soups, stews, and sauces. The spices in the dish ⓒ mixes with the fats. This gives the food a very nice scent. It wakes up our sense of smell. As a result, the food has a ⓓ much stronger taste. Additionally, sugar in the food breaks down and spreads throughout the dish. This increases the sweetness of the food. It also decreases its bitterness. So don't ignore those leftovers in the refrigerator. They might ⓔ make an excellent meal.

1 글의 주제로 가장 알맞은 것은?

① how fresh food goes bad
② why people enjoy fatty foods
③ how to properly store cooked food
④ what spices chefs use in tasty dishes
⑤ why some foods taste better over time

2 다음 중 글의 내용을 제대로 이해하지 <u>못한</u> 사람은?

① 주현: 며칠 전에 끓였던 찌개가 더 맛있는 이유가 있었네.
② 민아: 요리가 끝나고도 맛의 변화가 일어나는구나.
③ 동우: 지방과 향신료가 섞이면 맛있는 냄새가 나.
④ 아린: 지방이 많은 음식은 시간이 지날수록 맛이 약해져.
⑤ 소라: 음식 속 당이 분해되면 요리의 쓴맛이 줄어들어.

3 Which is NOT grammatically correct among ⓐ∼ⓔ?

① ⓐ   ② ⓑ   ③ ⓒ   ④ ⓓ   ⑤ ⓔ

서술형

4 다음 영영 뜻풀이에 해당하는 단어를 본문에서 찾아 쓰시오.

a particular smell

_____

Anna Ivanovna was the *empress of Russia in the 1730s. She wasn't interested in politics. She cared only about power. One day, she ordered the construction of an ice palace. It was built to celebrate Russia's victory over **the Ottoman Empire. But it really had a different purpose. She wanted to punish a local prince. He had married a Catholic woman from Italy and then became Catholic himself. This made her angry. At that time, Russia was not a Catholic nation. After his wife died, the empress forced him to marry one of her maids. Moreover, she locked the couple in the ice palace for a whole day. Fortunately, they survived, but they both suffered from ***frostbite. The ice palace soon melted, and Anna died the next year. Her cruelty, however, is still remembered today.

*empress 여황제   **the Ottoman Empire 오스만 제국(옛 튀르키예 제국)   ***frostbite 동상(凍傷)

1   What is the best title for the passage?

① The Tragic Death of a Russian Ruler
② The Cold Cruelty of a Russian Empress
③ The Ice Palace: A Great Russian Castle
④ The Difficulties of Building Ice Palaces
⑤ The History of Wars between Russia and Italy

2   글을 읽고 알 수 있는 내용이 <u>아닌</u> 것은?

① why the ice palace was built
② how long it took to build the ice palace
③ why Anna was angry with a local prince
④ how Anna used the ice palace
⑤ what happened to the ice palace

서술형

3   다음 영영 뜻풀이에 해당하는 단어를 본문에서 찾아 쓰시오.

to make someone suffer because they have done something wrong

_____

서술형

4   글의 내용과 일치하도록 빈칸에 알맞은 말을 본문에서 찾아 쓰시오.

Ice palace	
Official purpose	to _____ Russia's victory in a war
Hidden purpose	to show Anna's _____ by punishing a local _____ who made her angry

Talk Talk한
이야기
p. 65

REVIEW TEST

정답 및 해설 p. 24

A 다음 의미에 해당하는 단어를 | 보기 |에서 찾아 쓰시오.

	보기		similar	spread	reduce	purpose	improve

1 _____ : to get better

2 _____ : looking or being almost the same

3 _____ : the reason why something is made or done

4 _____ : to make something smaller or less

5 _____ : to move over or throughout a thing or place

B 다음 밑줄 친 단어와 의미가 비슷한 것을 고르시오.

1 The teacher <u>orders</u> us to be quiet in class.

① allows   ② tells   ③ helps   ④ punishes   ⑤ offers

2 He was <u>selected</u> as a member of the team.

① acted   ② chosen   ③ allowed   ④ refused   ⑤ asked

3 Mark is <u>smart</u> enough to understand the words.

① fast   ② small   ③ brave   ④ clever   ⑤ silly

C 우리말과 같은 뜻이 되도록 빈칸에 들어갈 말을 | 보기 |에서 골라 알맞은 형태로 쓰시오.

	보기		be good at	be interested in	be connected to

1 나는 외국어에 관심이 있다.

I _____ foreign languages.

2 이 프린터는 내 노트북 컴퓨터에 연결되어 있다.

This printer _____ my laptop.

3 Jane은 피아노 연주를 잘한다.

Jane _____ playing the piano.

유럽 내
종교 갈등의 역사

동서 교회의 분열

세계 인구의 약 3분의 1이 믿는다는 기독교! 기독교는 크게 세 가지로 나눌 수 있어요. '로마 가톨릭과 개신교, 그리고 동방 정교회'이지요. 우리에게 익숙한 가톨릭과 개신교는 '서방 교회', 러시아와 그리스 지역에 많은 신자를 보유한 '동방 정교회'가 원래는 하나의 기독교였다는 사실 알고 계셨나요?

갈등의 서막 : 로마 교황과 동로마 황제의 권력 다툼

과거 로마 제국은 동과 서로 나뉘어 통치됐어요. 하지만 서로마 제국이 멸망한 뒤, 교황이 왕권의 빈자리를 대신 채우게 됐죠. 반면 동로마 제국은 영토를 확장하며 전성기를 맞았어요. 당시 동로마 제국의 황제 유스티아누스 1세가 교황에게 영향력을 행사하려 했지만 교황이 강력하게 저항하면서 둘의 갈등이 시작되었어요.

성상은 기독교의 교리를 전달하는
효과적인 전도 수단이야!

교황은 그리스도의 대리자로서
모든 교회의 우두머리는 나야!

로마 가톨릭

성경의 말씀을 이미지로 형상화하는
성상은 우상숭배야!

모든 총대주교들의 최종 공동판관은
다른 누군가가 아니라 세계공의회야!

동방 정교회

상호 파문과 화해

결국 1054년 동서교회는 서로를 파문하고 완전히 갈라지게 됐어요. 그래서 지금도 서방교회를 '가톨릭'이라고 부르고, 동방교회는 '정교회'라고 부르고 있죠. 이후 동서교회의 분열은 더욱 심화되었고, 서로에게 적개심을 갖게 됐어요. 하지만 1965년 로마 가톨릭의 교황과 동방 정교회의 총대주교가 상대방에 대한 파문을 취소하면서 둘의 결별은 900년이 지나서야 일단락될 수 있었어요.

CATHOLIC
ORTHODOX

Section

7

VOCABULARY

send ⑧ 보내다
afraid ⑲ 두려워하는; *걱정하는
break ⑧ 깨지다
wrap up 싸다, 포장하다
bubble wrap 뽁뽁이(기포가 들어있는 비닐 랩)
be known for ~으로 알려지다
item ⑲ 항목; *물품
safe ⑲ 안전한
original ⑲ 원래의
use ⑲ 사용; *용도
engineer ⑲ 기술자
wallpaper ⑲ 벽지
unfortunately ⑨ 불행하게도
failure ⑲ 실패
protect ⑧ 보호하다
packaging ⑲ 포장재
company ⑲ 회사
문제
failed ⑲ 실패한
benefit ⑲ *이점; 이익

You need to send something by mail, but you're afraid that it will break. What should you do? Wrap it up in bubble wrap! Bubble wrap is known for keeping items safe, but this was not its original use. In 1957, two engineers wanted to make *three-dimensional plastic wallpaper. Unfortunately, it was a big failure. Later, one of the engineers had <u>a better idea</u>. He thought that people could use the air bubbles in the wallpaper to protect **fragile items! In 1960, the two engineers started a packaging company. Their company still makes bubble wrap today.

*three-dimensional 삼차원의, 입체적인   **fragile 깨지기 쉬운

1 글의 제목으로 가장 알맞은 것은?

① Making Money by Selling Air
② The Many Uses of Bubble Wrap
③ A New Use for a Failed Product
④ The Benefits of Plastic Wallpaper
⑤ A Successful Change to Plastic Waste

서술형

2 글의 밑줄 친 a better idea가 의미하는 것을 본문에서 찾아 우리말로 쓰시오.

_____

VOCABULARY

scented ⑱ 향기가 나는
candle ⑲ 초
relaxing ⑱ 마음을 느긋하게 해 주는
create ⑧ 만들어 내다
light ⑲ 빛 ⑧ 불을 붙이다
dangerous ⑱ 위험한
perfume ⑲ 향수; *향료
contain ⑧ ~이 들어 있다
chemical ⑲ 화학 물질
react ⑧ 반응하다
gas ⑲ 기체, 가스
mix ⑧ 섞이다
cause ⑧ 야기하다, 초래하다
cancer ⑲ 암
seriously ⑤ 심각하게
harm ⑧ 해를 끼치다

[문제]

natural ⑱ 자연의, 천연의

Many people like scented candles. They are very relaxing, and they create soft light and good smells. But few people know that they can be dangerous. The perfumes used in these candles contain chemicals. Some of these chemicals react with gases in the air. This makes the candles dangerous. For example, a chemical called *limonene smells like lemons. But when it mixes with other gases, it makes **formaldehyde. Formaldehyde causes cancer and can seriously harm your health. To stay safe, never light scented candles when all the doors and windows are closed. Always _____ before you light them!

*limonene 리모넨(향료의 원료로 감귤류 껍질에서 추출됨)
**formaldehyde 포름알데히드(자극성 냄새를 가진 무색 기체)

1 글의 주제로 가장 알맞은 것은?

① 향초의 효과
② 향초의 성분
③ 향초의 종류
④ 향초의 위험성
⑤ 향초를 만드는 방법

2 글의 빈칸에 들어갈 말로 가장 알맞은 것은?

① check your health
② open a window
③ make your own candles
④ buy natural candles
⑤ use lemon-scented candles

Did you see Disney's famous movie *Frozen*? Elsa made an ice castle with her magic! At Icehotel 365 in Sweden, we can experience one in real life! At the hotel, we can enjoy ice art, climb an ice staircase, and even sleep! Surprisingly, it isn't just open in the winter. It's open all year, even in the summer. Solar power (from, prevents, the ice, melting). (①) The hotel has eighteen bedrooms, including nine art rooms and nine special rooms in summer. (②) In winter, the total number of rooms increases to more than fifty. (③) Many of the rooms are built by famous artists and architects. (④) And everything in the hotel is made of ice, even the books. (⑤) Animal furs will keep you warm when you sleep. Also, the hotel staff prepares hot drinks for the guests.

1 Icehotel 365에 대한 설명 중 글의 내용과 일치하지 <u>않는</u> 것은?

① 일 년 내내 운영한다.
② 실내에서 잘 수 없다.
③ 태양열 발전으로 얼음이 녹지 않는다.
④ 얼음으로 만든 책이 있다.
⑤ 손님을 위해 따뜻한 음료를 준비해 준다.

2 Where would the following sentence best fit in the passage?

But don't worry about catching a cold.

①   ②   ③   ④   ⑤

서술형

3 글의 (   ) 안에 주어진 단어를 바르게 배열하여 문장을 완성하시오.

_____

서술형

4 글의 내용과 일치하도록 빈칸에 알맞은 말을 본문에서 찾아 쓰시오.

(1) Where is the hotel?

   ⇒ It is in _____.

(2) How many rooms does the hotel have in winter?

   ⇒ It has _____ rooms in total.

(3) What will help you stay warm when sleeping at the hotel?

   ⇒ _____ will help you stay warm.

"How could I make ⓐ such a stupid mistake?" Do you ever talk to yourself like this? When we make a mistake, we may say to ourselves, "Oh no! What did I do?" We may even say the words out loud.

Do you ⓑ feel bad about doing this or worry that other people think you're strange? If so, don't worry. Talking to ourselves is not strange. In fact, most people do it. _____, when we think deeply about a problem, we may say, "Hmm... what's the best way to solve this?" When we play sports, we may shout to ourselves, "All right!" or "I did it!"

Talking to ourselves helps us concentrate on our work and ⓒ encourage ourselves to try again when we fail. Talking to ourselves also helps us understand new information. When you hear new information, repeat it to yourself ⓓ instead of write it down. This will help you to understand and remember it.

So the next time you talk to yourself, don't feel like you're ⓔ doing something wrong.

I did it!

1 글의 요지로 가장 알맞은 것은?

① 꿈은 자신이 생각하는 대로 이루어진다.
② 다른 사람들의 개성을 존중해야 한다.
③ 혼잣말을 하는 것은 긍정적인 효과가 있다.
④ 다른 사람들과 대화를 해서 문제를 해결해야 한다.
⑤ 성공적인 삶을 살고 싶다면 자신감을 가져야 한다.

2 What is the best choice for the blank?

① For this reason   ② However
③ For example   ④ Thus
⑤ Instead

3 글의 밑줄 친 ⓐ~ⓔ 중 어법상 어색한 것은?

① ⓐ   ② ⓑ   ③ ⓒ   ④ ⓓ   ⑤ ⓔ

서술형

4 글의 내용과 일치하도록 빈칸에 알맞은 말을 | 보기 |에서 골라 쓰시오.

| 보기 | repeating   understand   confident   writing   strange

Talking to ourselves can help us get over mistakes and feel more ＿＿＿＿＿＿ about trying again. Also, ＿＿＿＿＿＿ new information several times can help us ＿＿＿＿＿＿ and remember it.

정답 및 해설 p. 27

A 다음 의미에 해당하는 단어를 | 보기 |에서 찾아 쓰시오.

	보기		melt protect failure original architect

1 _____ : to keep somebody or something safe

2 _____ : someone who designs buildings

3 _____ : a lack of success at doing something

4 _____ : being from the beginning

5 _____ : to change from ice to water because of heat

B 다음 밑줄 친 단어와 의미가 반대되는 것을 고르시오.

1 I <u>remember</u> seeing the man before.

① know   ② repeat   ③ climb   ④ forget   ⑤ encourage

2 She carefully <u>created</u> a bucket list.

① destroyed   ② made   ③ bought   ④ followed   ⑤ included

3 Plastic waste <u>harms</u> ocean life.

① finishes   ② affects   ③ breaks   ④ hurts   ⑤ heals

C 우리말과 같은 뜻이 되도록 빈칸에 들어갈 말을 | 보기 |에서 골라 알맞은 형태로 쓰시오.

	보기		be made of be known for concentrate on

1 나는 내 일에 집중했다.

I _____ my work.

2 그 집은 나무와 돌로 이루어져 있다.

The house _____ wood and stones.

3 그 도시는 아름다운 해변으로 알려져 있다.

The city _____ its beautiful beaches.

스웨덴의 모든 것

여러분, 안녕하세요? 오늘은 스웨덴에 있는 얼음 호텔에 대해서 공부했는데요. 숙제는 스웨덴을 대표하는 것들을 조사하는 것입니다. 이 채팅방에 사진과 함께 간단한 소개 글을 하나씩 올려주세요!

이케아를 모르는 사람은 없겠지만… 가구 회사 이케아는 스웨덴 회사입니다! 영어로 아이키아, 현지어로는 이케아라고 부른다네요!

이건 제가 제일 좋아하는 동화책이에요. '말괄량이 삐삐'라고, 스웨덴의 동화 작가 아스트리드 린드그렌(Astrid Lindgren)이 지은 동화예요. 영어 제목은 '삐삐 롱스타킹(Pippi Longstocking)'이라고 하는데 삐삐가 양갈래 머리에 긴 스타킹을 신어서 그래요.

스웨덴 사람들은 커피를 매우 좋아합니다. 스웨덴의 커피 문화인 fika(피카)는 한국의 회식 문화에 견줄 정도이고요.
스웨덴 사람들은 단것도 무척 좋아해서 1970년대에는 정부가 사탕이나 젤리를 먹을 수 있는 날을 따로 정했을 정도라고 합니다!

할머니가 좋아하시는 스웨덴 가수인데 이 노래 저도 좋아해요. 한번 들어보세요!

이거 뮤지컬 노래 아니야?

아바(ABBA)의 히트곡이었는데 뮤지컬 맘마미아(Mamma Mia!)에 수록된 거야!

오, 노래 진짜 좋다. 선생님, 이제 많이 나온 것 같은데 저도 숙제해야 하나요?

www.nebooks.co.kr

Section

8

Some people hate the taste of cucumbers. They say cucumbers actually taste bitter. In the past, many people believed that there were *psychological reasons for this. (a) However, scientists say that the cause is **genetic. (b) Cucumbers have certain things that only people with a gene called TAS2R38 can taste. (c) Human beings have about 20,000 different genes. (d) These people also find some other foods bitter, including watermelon. (e) The more the gene develops, the worse these foods taste. Scientists now call these people "supertasters."

*psychological 심리학적인   **genetic 유전(학)의

1 글의 요지로 가장 알맞은 것은?

① 오이는 원래 쓴 맛이 난다.
② 오이는 영양소가 풍부한 채소이다.
③ 쓴 맛이 나는 오이가 건강에 더 좋다.
④ 오이를 쓰다고 느끼는 데에는 선천적인 이유가 있다.
⑤ 유전자 변형을 통해 오이의 맛을 더 좋게 할 수 있다.

2 문장 (a)~(e) 중 글의 흐름과 관계가 없는 것은?

① (a)   ② (b)   ③ (c)   ④ (d)   ⑤ (e)

SCIENCE

02

★☆☆

109 words

VOCABULARY

airplane 몡 비행기
complain 동 불평하다
airline 몡 항공사
fault 몡 잘못
noisy 형 시끄러운
study 몡 연구
salty 형 짠, 짭짤한
sweet 형 단, 달콤한
affect 동 영향을 미치다
noise 몡 소음
chef 몡 요리사, 주방장
flavor 몡 맛, 풍미
seaweed 몡 해초
mushroom 몡 버섯
scientific 형 과학적인
reason 몡 이유
dry 형 건조한
air pressure 기압
low 형 낮은

Few people enjoy eating on airplanes. They often complain that the food doesn't taste good. But it's not the airlines' fault!

(A) Also, airplanes are noisy. Studies show that food tastes less salty or sweet when it is eaten in a noisy place. Interestingly, there is one kind of taste that isn't affected by noise—*umami.

(B) For this reason, airline chefs often use foods that have a strong umami flavor, such as seaweed and mushrooms.

(C) There are actually scientific reasons for this problem. First, the air in a flying plane is very dry, and the air pressure is low. Because of this, people can't taste or smell their food well.

*umami 감칠맛(이 나는)

1 글의 주제로 가장 알맞은 것은?

① 기내식 조리법
② 기내식이 맛없는 이유
③ 균형 잡힌 식단의 중요성
④ 음식의 감칠맛을 살리는 비법
⑤ 소음이 음식 맛에 끼치는 영향

2 (A)~(C)를 글의 흐름에 알맞게 배열한 것은?

① (A) — (C) — (B) 　② (B) — (A) — (C)
③ (B) — (C) — (A) 　④ (C) — (A) — (B)
⑤ (C) — (B) — (A)

Come Celebrate Pi Day with the Math Club!

(A)

Pi Day is celebrated on March 14 every year. That's because the first three numbers of pi (π) are 3, 1, and 4. If you're not sure what pi is, come to the festival and find out!

(B)

We will have a pie-throwing contest and a pie-eating contest. Why? Because the words "pie" and "pi" sound the same! There will also be a presentation about why pi is such an interesting number.

(C)

The festival will be held after school on Wednesday, March 14, in the school gym. It starts at 4:00 p.m. and will last until 6:00 p.m. You can buy a ticket for $2 from any member of the math club.

INTERNATIONAL

π

3.14

Pi Day

1 글의 빈칸 (A), (B), (C)에 들어갈 말로 알맞은 것을 연결하시오.

(1) (A) ·   · ⓐ Where and when is it?

(2) (B) ·   · ⓑ What is it?

(3) (C) ·   · ⓒ What will we do?

2 What is NOT true about the Pi Day festival according to the passage?

① 파이 던지기 대회와 파이 먹기 대회가 열린다.
② 파이(π)에 관한 발표가 있을 것이다.
③ 방과 후 학교 체육관에서 열린다.
④ 두 시간 동안 진행된다.
⑤ 수학 동아리 회원은 표가 무료이다.

서술형

3 Pi Day를 3월 14일에 기념하는 이유를 본문에서 찾아 우리말로 쓰시오.

_____

서술형

4 다음 영영 뜻풀이에 해당하는 단어를 본문에서 찾아 쓰시오.

an event in which people or groups compete to be the best at something

_____

Talk Talk한
이야기
p. 85

It's not just people who laugh. Surprisingly, rats laugh too. It's hard to believe, but it's true! Some scientists studied the sounds rats make when they play. They had a special machine that can hear rat sounds. By using this machine, they found out that the rats laughed when they played. When the scientists *tickled them, the rats laughed really hard. "I don't think that rats tell jokes. But they clearly like to have fun and laugh," said one of the scientists.

_____(A)_____, a rat's laugh is not the same as a person's laugh. In fact, the sound is too high for us to hear with our ears. That's why the scientists had to _____(B)_____. So don't expect to hear a rat laughing. But if you have a pet rat, why don't you tickle it and make it laugh?

*tickle 간지럽히다

1 글의 빈칸 (A)에 들어갈 말로 가장 알맞은 것은?

① In addition
② However
③ Therefore
④ Finally
⑤ For example

2 What is the best choice for the blank (B)?

① try to tickle the rats
② give up their research
③ listen with their ears
④ make the rats laugh loudly
⑤ use their special machine

서술형

3 우리가 쥐의 웃음소리를 들을 수 <u>없는</u> 이유를 본문에서 찾아 우리말로 간단히 쓰시오.

_____

서술형

4 글의 내용과 일치하도록 빈칸에 알맞은 말을 | 보기 |에서 골라 쓰시오.

| 보기 | laughter   tickled   play   joked

Scientists discovered that rats laugh while they _____. The rats laughed a lot when the scientists _____ them. Unfortunately, the sound of their _____ is too high for people to hear.

A 다음 의미에 해당하는 단어를 | 보기 |에서 찾아 쓰시오.

| 보기 | reason   develop   expect   complain   celebrate

1 _____ : to grow bigger, stronger, or more advanced

2 _____ : to think that something will happen

3 _____ : an explanation of why something happened

4 _____ : to say that you are unhappy or uncomfortable

5 _____ : to do something to enjoy a special event or holiday

B 다음 밑줄 친 단어와 의미가 반대되는 것을 고르시오.

1 The coat is <u>dry</u> now.

① soft   ② cheap   ③ wet   ④ thick   ⑤ dirty

2 What was the <u>cause</u> of the problem?

① solution   ② trouble   ③ fault   ④ question   ⑤ effect

3 He has a <u>special</u> plan for this weekend.

① simple   ② hard   ③ clear   ④ unusual   ⑤ ordinary

C 우리말과 같은 뜻이 되도록 빈칸에 들어갈 말을 | 보기 |에서 골라 알맞은 형태로 쓰시오.

| 보기 | find out   tell a joke   give up

1 그 팀은 경기가 끝나기 전에 포기했다.

The team _____ before the game ended.

2 그가 농담을 했지만 아무도 웃지 않았다.

He _____ but nobody laughed.

3 그들은 결국 진실을 알아낼 것이다.

They will _____ the truth eventually.

여러 가지 이색적인
수학 기념일

혹시 **피타고라스 정리 기념일**에 대해 들어 봤어?
고대 그리스의 수학자 말이야.

피타고라스가 사람이었어? 피타고라스 정리는 알지.
직각 삼각형의 세 변의 길이 a, b, c는 $a^2+b^2=c^2$이라
는 식이 성립한다!

맞아! 월과 일의 각 제곱값을 합한 값이 년도의 끝 두 자리수의 제곱값이 성립되
는 날을 피타고라스 정리의 날로 지정했다. 예를 들면 지난 2020년 12월 16일
이 피타고라스 정리의 날이었어. $12^2+16^2=20^2$이 성립되거든!

그럼 다음 피타고라스 정리의 날은…
2025년 7월 24일인가?

오! 제법인데? 그리고 **피보나치의 날**도 있어!
이탈리아의 수학자 레오나르도 피보나치
를 기념하는 날이야. 혹시 1,1,2,3,5,8,13,
21,34… 이 숫자들의 규칙이 뭔지 알겠어?

음… 앞의 두 개의 숫자를 더
하면 뒤에 나오는 수가 되는
거 아니야? 1+1=2, 1+2=3,
2+3=5… 이렇게?

똑똑한데? 이 숫자들이 바로 **피보나치 수열**이야. 그래서
11월 23일을 피보나치 날로 기념한대. 11월 23일을 차례
대로 나열하면 1, 1, 2, 3으로 피보나치 수열을 이루거든!

재미있는 수학 기념일이 많구나.
다른 수학 기념일도 한 번 찾아 봐야겠다!

Section

9

✎ **VOCABULARY**

polluted (형) 오염된
flavor (명) 맛, 풍미
smog (명) 스모그, 연무
baker (명) 제빵사
mix (동) 섞다, 혼합하다
real (형) 진짜의, 실제의
unique (형) 독특한
disgusting (형) 역겨운, 구역질나는
purpose (명) 목적
breathe (동) 숨을 쉬다
pollution (명) 오염
ignore (동) 무시하다
hopefully (부) 바라건대
terrible (형) 끔찍한
[문제]
share (동) 공유하다, 나누다
recipe (명) 조리법
reduce (동) 줄이다
attract (동) (마음을) 끌다

Think about the taste of the polluted air in your city. Is it a good flavor for a cookie? Of course not! However, there really are smog *meringue cookies that are made with polluted air. Bakers mix real smog from large cities with sugar and eggs. Each cookie has the unique flavor of a different city, but they all taste disgusting. The purpose of the cookies is to make people think about the dirty air they breathe every day. In our daily lives, it's easy to forget about air pollution. But it is harder to ignore it when it is in a cookie. Hopefully, these terrible cookies will make people find ways to _____.

*meringue 머랭(달걀의 흰자와 설탕을 섞어 구운 과자)

1 글의 주제로 가장 알맞은 것은?

① 호흡기에 좋은 음식
② 오염된 공기로 만든 쿠키
③ 대기 오염을 줄이는 방법
④ 전 세계의 이색적인 머랭 쿠키들
⑤ 대기 오염이 쿠키 맛에 미치는 영향

2 글의 빈칸에 들어갈 말로 가장 알맞은 것은?

① share their recipes
② eat healthier food
③ reduce air pollution
④ attract more tourists
⑤ move to a new place

ANIMALS

02 ★☆☆
113 words

VOCABULARY

pouch 몡 주머니
kangaroo 몡 캥거루
tail 몡 꼬리
straight 凸 똑바로
amazing 톙 놀라운
lay 통 (알을) 낳다
egg 몡 알
act 통 행동하다
carry 통 나르다; *가지고 다니다
hatch 통 부화하다
enough 톙 충분한 *凸 충분히
release 통 풀어 주다; *방출하다

Have you ever seen a *seahorse? It has the head of a horse, the pouch of a kangaroo, and the tail of a monkey. It looks really ⓐ <u>strangely</u>. However, it is really a fish! There ⓑ <u>are</u> about fifty different kinds of seahorses. Some are very small. Others can be more than 30 centimeters long. They live in warm sea water and ⓒ <u>swim</u> standing straight up. Isn't it amazing? That's not all. There is another strange thing about seahorses. After the mother lays her eggs, she puts ⓓ <u>them</u> in the father's pouch. Then the father acts ⓔ <u>like</u> a mother. He carries them until they hatch. When the babies are big enough, he releases them.

*seahorse 해마

1 Seahorse에 대한 설명 중 글의 내용과 일치하지 <u>않는</u> 것은?

① 주머니가 있는 물고기이다.
② 종류는 다양하지만 크기는 일정하다.
③ 따뜻한 바닷물에 서식한다.
④ 곧게 선 자세로 헤엄친다.
⑤ 수컷 해마는 암컷이 낳은 알을 돌본다.

2 글의 밑줄 친 ⓐ~ⓔ 중 어법상 <u>어색한</u> 것은?

① ⓐ   ② ⓑ   ③ ⓒ   ④ ⓓ   ⑤ ⓔ

✏ **VOCABULARY**

hate ⑧ 싫어하다

wait in line 줄을 서서 기다리다

counter ⑲ 계산대

thief ⑲ 도둑

sensor ⑲ 센서, 감지기

track ⑧ 추적하다

item ⑲ 물품, 품목

take A off B B에서 A를 꺼내다[빼다]

shelf ⑲ 선반

cart ⑲ 손수레, 카트

download ⑧ 다운로드하다

add up 합산하다

cost ⑧ (비용이) 들다

total ⑲ 합계

automatically ⑨ 자동으로

charge ⑧ (요금을) 청구하다

account ⑲ 계좌

recommend ⑧ 추천하다

✏ **VOCA PLUS**

다의어 right

1. ⑲ (도덕적으로) 옳은, 올바른
   Do the right thing.

2. ⑲ (틀리지 않고) 맞는, 정확한
   Is that a right answer?

3. ⑲ 오른쪽의
   She hurt her right leg.

4. ⑨ 바로, 즉시
   We'll be right back.

I hate waiting in line at the supermarket counter. That's why I shop at a special new store these days. I just walk in, take the food that I want, and then walk right out. But I'm not a thief! (a) This new kind of store uses computer sensors to track the items that you take off the shelves. (b) When you take an item, it is added to the shopping cart *app on your phone. (c) People download many different kinds of apps nowadays. (d) And when you leave, the app adds up how much everything costs. (e) The total is then automatically charged to your account. You don't even have to bring your wallet! If you hate waiting in lines, I recommend this shop to you. 당신은 그것이 얼마나 편리한지에 놀랄 것이다.

*app(= application) 애플리케이션(응용 프로그램)

1   글의 목적으로 가장 적절한 것은?

① 할인 행사에 초대하려고
② 새로운 매장의 개업을 축하하려고
③ 편리한 쇼핑 서비스를 요청하려고
④ 새로운 쇼핑 매장의 이용을 권유하려고
⑤ 쇼핑 앱의 다운로드 방법을 공유하려고

2   Which sentence is NOT needed in the passage?

① (a)　　　② (b)　　　③ (c)　　　④ (d)　　　⑤ (e)

3   글의 밑줄 친 우리말을 바르게 영작한 것은?

① You'll be amazing at how easily is it.
② You'll be amazing at how easy it is.
③ You'll be amazed at how easily it is.
④ You'll be amazed at how easy it is.
⑤ You'll be amazed at how easy is it.

서술형

4   다음 영영 뜻풀이에 해당하는 단어를 본문에서 찾아 쓰시오.

a person who steals things

_____

✏ VOCABULARY

strange (형) 이상한
real (형) 진짜의, 실제의
depth (명) 깊이
round (형) 원형의, 둥근
shape (명) 모양, 형태
therefore (부) 그러므로,
그래서
in addition 게다가
right (부) 정면으로, 곧바로
slightly (부) 약간
[문제]
two dimensions 2차원

✏ VOCA PLUS

사진·그림과 관련된 어휘
photograph (= photo)
(명) 사진
picture (명) 사진, 그림
image (명) (마음속에 떠오르
는) 이미지, 모습; (거울·카메
라에 맺힌) 상
painting (명) (벽에 거는)
그림

Do you like the way you look in photographs? Often, people think they look strange in photos. Their eyes look small and their faces seem flat. (①) But there is a reason for this. (②) In real life we see everything in *three dimensions. (③) They cannot show depth, so round shapes look smaller and flatter. (④) Therefore, your "flat" eyes in photos are only 70 to 80 percent of the size of your round eyes in real life. (⑤) In addition, your face also looks flatter than it is. But there is an easy way to make your photos look better. When you take a picture, try not to look right at the camera. You should look up or down slightly. Then you will look more three dimensional.

*three dimensions 3차원

1 글의 주제로 가장 알맞은 것은?

① 효과적인 카메라 활용법
② 사진이 잘 나오는 얼굴형
③ 사진에 나타나는 원근감의 원리
④ 2차원과 3차원의 의미와 그 차이점
⑤ 실물보다 사진이 잘 안 나오는 이유

2 Where would the following sentence best fit in the passage?

> However, photos only show things in two dimensions.

①　　　　　②　　　　　③　　　　　④　　　　　⑤

서술형

3 사진을 더 나아 보이게 하는 방법을 본문에서 찾아 우리말로 쓰시오.

_____

서술형

4 글의 내용과 일치하도록 빈칸에 알맞은 말을 본문에서 찾아 쓰시오.

Your eyes look smaller and _____ in pictures because they can't show the _____ of round things.

Talk Talk한
이야기
....
p. 95

정답 및 해설 p. 35

A 다음 의미에 해당하는 단어를 | 보기 |에서 찾아 쓰시오.

| 보기 | lay   tail   round   slightly   recommend

1 _____ : to suggest something because it's good

2 _____ : having a shape like a circle

3 _____ : not very much

4 _____ : to produce eggs from an animal's body

5 _____ : the movable part at the back end of an animal's body

B 다음 밑줄 친 단어와 의미가 반대되는 것을 고르시오.

1 I <u>hate</u> getting up early in the morning.
　① remember　② love　③ forget　④ avoid　⑤ ignore

2 The <u>polluted</u> lake has a bad smell.
　① dirty　② clean　③ low　④ real　⑤ deep

3 <u>Mix</u> the flour and water together.
　① Smell　② Taste　③ Blend　④ Bake　⑤ Separate

C 우리말과 같은 뜻이 되도록 빈칸에 들어갈 말을 | 보기 |에서 골라 알맞은 형태로 쓰시오.

| 보기 | add up   wait in line   take A off B

1 우리는 주문하려고 줄을 서서 기다렸다.
　We _____ to order.

2 이 물건들의 가격을 전부 더해라.
　_____ the prices of these things.

3 네 코트는 그 옷걸이에서 꺼내졌다.
　Your coat _____ the hanger.

사진작가처럼 사진 찍기

여행지에서 모르는 사람에게 사진 촬영을 부탁하고, 나중에 사진을 확인했을 때 너무 이상해서 당황한 적 있나요? 반대로, 사진을 찍어 줬더니 너무 못 찍는다고 타박받은 적 있나요? 많이 찍을 수록 실력이 는다는데, 아무리 찍어도 소용없다면 이제 밑에서 위로 찍는 건 그만하도록 합시다. 아래 내용만 봐도 당신은 준비가 다 된 거나 다름없어요!

2분할법

위 사진은 바다와 하늘이 1:1 비율로 담겨 있어요. 푸른 하늘과 우거진 녹지가 극명한 대비를 이루고 있어 더욱 강렬한 느낌을 줍니다.

중앙 구도

말 그대로 화면 가운데 주요 피사체를 놓고 촬영하는 기법입니다. 배경과 피사체의 색감이 대조적이거나, 배경이 단순할수록 시선이 중앙으로 몰리게 되니 피사체에 대한 주목도가 높아집니다.

3분할법

가로나 세로로 화면을 3등분한다고 생각해봅시다. 그럼 총 9칸으로 나누어지게 되는데요, 가로선과 세로선이 교차되는 지점에 피사체를 두고 촬영하는 기법입니다. 이렇게 사진을 찍으면 시선이 피사체에서 배경으로 자연스럽게 흐르게 되어 제일 많이 사용되는 촬영 기법입니다.

www.nebooks.co.kr

Section

10

FOOD

01

★ ☆ ☆
108 words

📖 VOCABULARY

lose weight 살을 빼다

delicious ⑲ 맛있는

enemy ⑲ 적

lose ⑧ 잃다

calorie ⑲ 열량, 칼로리

digest ⑧ 소화하다

negative ⑲ 부정적인;
*마이너스의

celery ⑲ 셀러리

example ⑲ 예, 보기

a stick of ~ 한 대

uncooked ⑲ 익히지 않은,
날것의

contain ⑧ 포함하다, 함유
하다

whole ⑲ 전체의

overall ⑨ 전반적으로

stomach ⑲ 위, 배

When people are trying to lose weight, food is a delicious-looking enemy. But there are some foods that actually help you lose weight! These foods cause your body to lose calories when you eat and digest them. (a) They are called "negative calorie" foods. (b) Celery is one example. (c) A stick of uncooked celery contains about five calories. (d) The human body takes between 24 and 72 hours to digest food. (e) When you eat a whole stick of it, your body has five more calories. But the body burns more than five calories to digest it. So, you actually lose calories overall. Carrots, broccoli, strawberries, and tomatoes are also negative calorie foods. With these foods, people can lose weight on a full stomach!

1 문장 (a)~(e) 중 글의 흐름과 관계가 <u>없는</u> 것은?

① (a) ② (b) ③ (c) ④ (d) ⑤ (e)

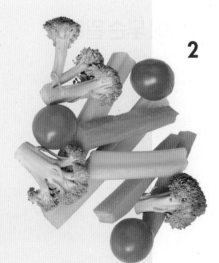

2 다음 중 글의 내용을 제대로 이해하는 사람은?

① 승은: 네거티브 칼로리 음식에는 칼로리가 없어.

② 상민: 셀러리 한 대를 소화하려면 5칼로리가 넘게 필요해.

③ 진웅: 당근과 브로콜리는 살을 빼는 데 별 도움이 되지 않아.

④ 민희: 모든 채소는 네거티브 칼로리 음식이라고 할 수 있지.

⑤ 태형: 네거티브 칼로리란 음식이 지닌 칼로리가 소화하는 데 필요한 칼로리
　　　　보다 더 높은 경우를 말해.

ANIMALS

02

★ ☆ ☆
106 words

✏ VOCABULARY

shark 몡 상어
rest 동 휴식을 취하다, 자다
different from ~와 다른
unlike 젠 ~와 달리
human 몡 인간
lie down 눕다
breathe 동 호흡하다
actively 뮈 *활발히; 적극적으로
sink 동 가라앉다
bottom 몡 맨 아래; *바닥
ocean 몡 대양, 바다
surface 몡 표면, 수면
towards 젠 ~을 향하여

Did you know that sharks sleep? Sharks need time to rest like any other animal, but their sleep is very different from ours. Unlike humans, sharks can't lie down and close their eyes. They need to keep swimming. If they're not swimming, they can't breathe! When sharks want to sleep, they do something called yo-yo swimming. This means that they stop actively swimming and let themselves slowly sink to the bottom of the ocean. Then they swim back up to the surface and sink back down again. While the sharks are slowly sinking towards the bottom of the ocean, they are able to get some sleep.

1 글의 주제로 가장 알맞은 것은?

① 상어가 자면서 꾸는 꿈
② 상어가 잠을 자는 방법
③ 상어가 물속에서 노는 방법
④ 상어가 빠르게 헤엄칠 수 있는 이유
⑤ 상어가 적으로부터 자신을 보호하는 방법

서술형

2 글의 밑줄 친 yo-yo swimming의 방법을 우리말로 간단히 쓰시오.

_____

Many babies are born with a full head of hair. This hair, however, often falls out a short time later. (①) Although this may worry parents, it's perfectly natural. (②) Before babies are born, they have high levels of hormones from their mother's body. (③) After birth, the hormone levels drop and hair growth stops. (④) Later, when new hair starts to grow, it will often push out the old hair. (⑤)

Interestingly, this new hair can _____. For example, one pair of parents recently had a son. They both have thin, wavy, blond hair. But their son was born with thick, straight, black hair. Of course, <u>they were very surprised</u>! But it soon fell out, and curly blond hair grew in its place.

VOCABULARY

be born with ~을 가지고 태어나다

fall out (머리·치아 등이) 빠지다

although 접 (비록) ~이긴 하지만

worry 동 걱정시키다

perfectly 부 완전히, 지극히

natural 형 자연의; *정상적인

hormone 명 호르몬

birth 명 출생, 탄생

drop 동 떨어지다, 내려가다

growth 명 성장

push out ~을 밀어내다

pair 명 짝, 한 쌍

recently 부 최근에

wavy 형 웨이브가 있는, 물결 모양의

blond 형 금발인

thick 형 굵은, 두꺼운

straight 형 곧은

curly 형 곱슬곱슬한

문제
original 형 원래의

mix 동 섞다 *명 섞인 것

VOCA PLUS

감정을 나타내는 동사 + -ed
→ 감정을 느끼는 형용사

┌ surprise 동 놀라게 하다
└ surprised 형 놀란

┌ scare 동 무섭게 하다
└ scared 형 무서운

┌ excite 동 흥분시키다
└ excited 형 흥분한, 신난

┌ bore 동 지루하게 하다
└ bored 형 지루해 하는

┌ satisfy 동 만족시키다
└ satisfied 형 만족한

1 글의 흐름으로 보아 주어진 문장이 들어갈 위치로 가장 적절한 곳은?

> These hormones can cause hair growth.

①   ②   ③   ④   ⑤

2 What is the best choice for the blank?

① grow much faster
② be healthier than the old hair
③ contain a new kind of hormone
④ be different from their original hair
⑤ be a mix of their parents' hair colors

서술형

3 글의 밑줄 친 they were very surprised의 이유를 우리말로 간단히 쓰시오.

_____

서술형

4 글의 내용과 일치하도록 빈칸에 알맞은 말을 | 보기 |에서 골라 쓰시오.

| 보기 | low | lose | high | decrease | grow |

Before birth	Babies have a _____ level of hormones, which can help hair _____.
After birth	Babies _____ their hair as their hormones _____, but they grow new hair later.

Talk Talk**한**
이야기
··············
p. 105

VOCABULARY

astronaut 명 우주비행사
leave 동 (~한 상태로) 놓아
두다 (leave-left-left)
storm 명 폭풍(우)
survive 동 생존하다
grow 동 재배하다; 자라다
(grow-grew-grown)
possible 형 가능한
soil 명 토양, 흙
rock 명 암석, 바위
plant 동 (씨앗을) 심다
tiny 형 작은
bit 명 작은 조각, 소량
future 명 미래
own 형 자기 자신의

문제

sign 명 신호; *흔적
garden 명 정원 *동 정원을
가꾸다
spaceship 명 우주선
research 명 연구
environment 명 환경

VOCA PLUS

태양계 행성들의 이름
Mercury 수성
Venus 금성
Earth 지구
Mars 화성
Jupiter 목성
Saturn 토성
Uranus 천왕성
Neptune 해왕성

In the movie *The *Martian*, astronaut Mark Watney is left alone on Mars after a big storm. To survive, he grows potatoes. But would this be possible in real life? According to New Zealand scientist Michael Mautner, the answer is yes. He says he has Martian vegetables, but he never went to Mars. So (have, could, Martian vegetables, he, how)? (①) He grew them in Martian soil here on Earth. (②) A few years ago, he found two rocks that fell to Earth from Mars thousands of years ago. (③) Then he planted and gave water to tiny bits of **asparagus and potato plants. (④) In a few weeks, the plants had grown several centimeters high. (⑤) "I was excited to see the vegetables grow so well," he said. "In the future, people living on Mars could grow their own food there."

*Martian 화성인; 화성의   **asparagus 아스파라거스

1 What is the best title for the passage?

① Signs of Life on Mars
② Gardening in Spaceships
③ Small Plants That Are Easy to Grow
④ Growing Vegetables from Martian Soil
⑤ Research on the Martian Environment

2 Martian vegetables에 대한 설명 중 일치하지 <u>않는</u> 것은?

① 뉴질랜드의 한 과학자가 재배했다.
② 화성이 아닌 지구에서 재배되었다.
③ 우주 비행사가 화성에서 직접 채취한 흙을 사용했다.
④ 아스파라거스와 감자를 심었다.
⑤ 몇 주 만에 수 센티미터가 자랐다.

3 글의 흐름으로 보아 주어진 문장이 들어갈 위치로 가장 적절한 곳은?

He took soil from the rocks.

①   ②   ③   ④   ⑤

서술형

4 글의 (　) 안에 주어진 단어를 바르게 배열하여 문장을 완성하시오.

_____

A 다음 의미에 해당하는 단어를 | 보기 |에서 찾아 쓰시오.

| 보기 | astronaut   rest   storm   bottom   survive

1 _____: the lowest part of something

2 _____: a person whose job is to travel in space

3 _____: to stay alive after a difficult situation

4 _____: to spend time relaxing or sleeping

5 _____: a weather event with heavy rain and strong wind

B 다음 밑줄 친 단어와 의미가 비슷한 것을 고르시오.

1 I made a <u>tiny</u> cake.

① flat   ② sweet   ③ small   ④ salty   ⑤ delicious

2 I drank the <u>whole</u> bottle of water.

① clear   ② entire   ③ big   ④ natural   ⑤ little

3 I haven't met Susan <u>recently</u>.

① lately   ② finally   ③ early   ④ quickly   ⑤ slowly

C 우리말과 같은 뜻이 되도록 빈칸에 들어갈 말을 | 보기 |에서 골라 알맞은 형태로 쓰시오.

| 보기 | fall out   push out   be born with

1 누구나 특별한 재능을 가지고 태어난다.

Everyone _____ a special talent.

2 팬들은 안전요원에 의해 홀 밖으로 밀려났다.

The fans were _____ of the hall by the guard.

3 아이들은 자라면서 이가 빠지기 시작한다.

As children grow up, their teeth start _____.

아기들의 비상한 능력들

아기들은 수영에 소질이 있지

아기들은 태어나기 전 평화롭고 따뜻한 엄마 뱃속의 양수 속에서 10개월 간 자라납니다. 물속에서 컸으므로 본능적으로 물에 익숙합니다. 물의 온도와 주변 환경을 태내 환경과 비슷하게 맞추면 수중 분만이 가능한 것도 이 때문입니다. 그렇다고 신생아에게 바로 수영을 시키는 사람은 없겠죠? 신생아는 체온 조절 능력이 없으므로 찬물에 두면 위험합니다. 아기는 스스로 목을 가누고 체온 조절 능력이 생기는 생후 3개월 이후부터 수영할 수 있습니다. 생후 12개월부터는 자기만의 면역력이 생겨 일반 수영이 가능합니다.

병에 잘 걸리지 않아

아기는 엄마로부터 면역력을 물려받아 태어난다는 사실, 알고 계셨나요? 갓 태어난 아기는 성인에 준하는 면역력을 갖고 있기에, 감기를 포함한 잔병치레가 거의 없는 편입니다. 이 면역력은 대개 생후 6개월까지 지속되고 점차 고갈됩니다. 건강하던 아이가 갑자기 아프면 초보 엄마들은 적잖이 당황하게 됩니다. 하지만 장내 유익균을 얼마나 가지고 태어났는지에 따라 면역력이 지속되는 시기가 다르니 이 법칙은 참고만 해야 할 것입니다.

어떤 언어도 모국어처럼 습득할 수 있어

언어학자 노암 촘스키(Noam Chomsky)는 언어습득이론(Acquisition Theory)을 통해 모든 사람은 어렸을 때 주변 환경의 자극을 통해 이제까지 들어본 적 없는 언어를 모국어로 습득할 수 있다고 주장했습니다. 언어학자 에릭 르네버그(Eric Lenneberg)도 '결정적 시기 가설(Critical Period Theory)'을 통해 언어를 포함한 모든 발달에는 결정적 시기가 있어서 이 시기를 놓치면 나중에 아무리 노력해도 결정적 시기 내에 획득한 수준엔 도달하기 어렵다고 했습니다. 결정적 시기란 대체로 태어난 후부터 유아기에 이르는 것으로 알려져 있습니다.

Photo Credits

p. 55   Portrait of Carl Wilhelm Scheele, unknown, 1887
         https://commons.wikimedia.org/wiki/File:CWScheele.jpg

p. 55   Portrait of Joseph Priestley, Ellen Sharples, between 1794 and 1797
         https://commons.wikimedia.org/wiki/File:Priestley.jpg

p. 55   Portrait de Antoine Laurent Lavoisier, Alix, Pierre Michel, between 1790 and 1800
         https://commons.wikimedia.org/wiki/File:Portrait_d%27Antoine_Laurent_Lavoisier,_Collection_des_
         Grands_Hommes,_G.4190(3).jpg

p. 70   ICEHOTEL in Jukkasjärvi, Sweden, 2007
         https://commons.wikimedia.org/wiki/File:Icehotel_entre_ms.jpg

p. 70   The Banished Dragon' Art suite in ICEHOTEL Jukkasjärvi, Sweden
         https://commons.wikimedia.org/wiki/File:Dragon_icehotel.jpg

p. 75   The logo of the music group ABBA
         https://commons.wikimedia.org/wiki/File:ABBA_logo.svg

p. 85   Dall'opera I benefattori dell'umanità; vol. VI, Firenze, Ducci, 1850
         https://commons.wikimedia.org/wiki/File:Fibonacci2.jpg

MEMO

MEMO

MEMO

MEMO

지은이

NE능률 영어교육연구소

NE능률 영어교육연구소는 혁신적이며 효율적인 영어 교재를 개발하고
영어 학습의 질을 한 단계 높이고자 노력하는 NE능률의 연구조직입니다.

1316 Reading ⟨Level 1⟩

펴 낸 이   주민홍

펴 낸 곳   서울특별시 마포구 월드컵북로 396(상암동) 누리꿈스퀘어 비즈니스타워 10층
㈜ NE능률 (우편번호 03925)

펴 낸 날   2024년 1월 5일 개정판 제1쇄 발행
2024년 5월 15일 제3쇄

전   화   02 2014 7114

팩   스   02 3142 0356

홈페이지   www.neungyule.com

등록번호   제1-68호

I S B N   979-11-253-4287-8

정   가   14,000원

NE 능률

고객센터

교재 내용 문의 : contact.nebooks.co.kr (별도의 가입 절차 없이 작성 가능)

제품 구매, 교환, 불량, 반품 문의 : 02-2014-7114

☎ 전화문의는 본사 업무시간 중에만 가능합니다.

www.nebooks.co.kr

NE 능률

한 발 앞서 시작하는 첫 번째 수능 영어

한 발 앞서 시작하는 **중학생**을 위한

논리+소재로
수능 영어 감 잡기
기초편

첫 번째
수능 영어

* 중학생 난이도에 맞게 최신 모의고사 기출 지문 변형
* 수능 지문의 논리적 전개 학습을 통한 독해력 신장
* 빈출 소재 학습으로 수능 영어 적응력 향상

전국 **온오프 서점** 판매중

중학생을 위한 수능 영어 독해 기본서 첫수

기초편
(중2-3)

유형편
(중3)

실전편
(중3-예비고1)

기초편
· 모의고사&수능 빈출 소재군 학습으로 실전 감잡기
· 수능 지문의 논리적 구조 학습, 직독직해 코너로 독해력 신장

유형편
· 유형별 도식화된 전략 제시로 수능 유형 적응력 향상
· 매 Unit 빈출 어법 포인트를 제공하여 문제 해결력 신장

실전편
· 유형별, 단계별로 제시된 필수 독해 전략으로 수능 독해 마스터
· 6회분 실전 모의고사로 수능 실전 대비 완성

NE능률 교재 MAP

아래 교재 MAP을 참고하여 본인의 현재 혹은 목표 수준에 따라 교재를 선택하세요.
NE능률 교재들과 함께 영어실력을 쑥쑥~ 올려보세요!
MP3 등 교재 부가 학습 서비스 및 자세한 교재 정보는 www.nebooks.co.kr 에서 확인하세요.

독해

초1-2
초등영어 리딩이 된다 Start 1
초등영어 리딩이 된다 Start 2
초등영어 리딩이 된다 Start 3
초등영어 리딩이 된다 Start 4

초3
리딩버디 1

초3-4
리딩버디 2
초등영어 리딩이 된다 Basic 1
초등영어 리딩이 된다 Basic 2
초등영어 리딩이 된다 Basic 3
초등영어 리딩이 된다 Basic 4

초4-5
리딩버디 3
주니어 리딩튜터 스타터 1

초5-6
초등영어 리딩이 된다 Jump 1
초등영어 리딩이 된다 Jump 2
초등영어 리딩이 된다 Jump 3
초등영어 리딩이 된다 Jump 4
주니어 리딩튜터 스타터 2

초6-예비중
주니어 리딩튜터 1
Junior Reading Expert 1
Reading Forward Basic 1

중1
1316 Reading 1
주니어 리딩튜터 2
Junior Reading Expert 2
Reading Forward Basic 2
열중 16강 독해+문법 1
Reading Inside Starter

중1-2
1316 Reading 2
주니어 리딩튜터 3
정말 기특한 구문독해 입문
Junior Reading Expert 3
Reading Forward Intermediate 1
열중 16강 독해+문법 2
Reading Inside 1

중2-3
1316 Reading 3
주니어 리딩튜터 4
정말 기특한 구문독해 기본
Junior Reading Expert 4
Reading Forward Intermediate 2
Reading Inside 2

중3
리딩튜터 입문
정말 기특한 구문독해 완성
Reading Forward Advanced 1
열중 16강 독해+문법 3
Reading Inside 3

중3-예비고
Reading Expert 1
리딩튜터 기본
Reading Forward Advanced 2

고1
빠바 기초세우기
리딩튜터 실력
Reading Expert 2
TEPS BY STEP G+R Basic

고1-2
빠바 구문독해
리딩튜터 수능 PLUS
Reading Expert 3

고2-3, 수능 실전
빠바 유형독해
빠바 종합실전편
Reading Expert 4
TEPS BY STEP G+R 1

고3 이상, 수능 고난도
Reading Expert 5
능률 고급영문독해

수능 이상/토플 80-89·텝스 600-699점
ADVANCED Reading Expert 1
TEPS BY STEP G+R 2
RADIX TOEFL Blue Label Reading 1,2

수능 이상/토플 90-99·텝스 700-799점
ADVANCED Reading Expert 2
RADIX TOEFL Black Label Reading 1

수능 이상/토플 100·텝스 800점 이상
RADIX TOEFL Black Label Reading 2
TEPS BY STEP G+R 3

기초부터 내신까지 중학 독해 완성

1316

1316 READING
정답 및 해설

LEVEL
2

NE 능률

기초부터 내신까지 중학 독해 완성

1316

1316 READING

정답 및 해설

LEVEL 2

SECTION ①

1 (두문자어를 사용할 경우) 타자 치는 것이 쉽고 짧은 메시지에 딱 맞기 때문에   **2** in my opinion

본문해석

전화 속 대화를 봐라. TBH, GOAT 등의 단어들로 인해 혼란스러운가? 이 단어들은 두문자어이다. 두문자어는 구절이나 문장의 첫 번째 글자들로 구성된다. 그래서 그것들은 모두 대문자로 쓰인다. 예를 들어, 'to be honest(솔직히 말해서)'의 두문자어는 TBH이다. 두문자어는 온라인이나 문자 메시지에 흔히 사용된다. 그것들은 짧은 메시지를 입력하는 것을 쉽게 해 준다. 이제 대화를 다시 읽어 봐라!

> A: 네가 가장 좋아하는 가수는 누구야?
> B: TBH(솔직히 말해서), 나는 Bruno Mars(브루노 마스)를 좋아해. 그는 GOAT(역대 최고)야.
> A: 그는 정말 멋져! BTW(그런데), 그의 신곡을 들었어?
> B: 아, 그것이 오늘 발매되었다는 것을 잊었어!
> A: IMO(내 생각에는), 넌 RN(지금 당장) 그것을 들어야 해.
> B: 알겠어. BRB(곧 돌아올게).

문제해설

1 6~7행 참고
2 in my office 내 사무실에서   in my opinion 내 생각에는   in memory of ~을 추모하며[기리며]
   ▶ IMO는 in my opinion의 두문자어이다.

구문해설

4행 **That's why** they *are* all *capitalized*.
   • That's why ~: 그것이 ~하는 이유이다, 그래서 ~하는 것이다
   • are capitalized: 〈be동사 + v-ed〉 형태의 수동태

6행 They **make it easy** to type short messages.
   　　　　　　가목적어　　　　진목적어
   • make + 목적어 + 목적격보어(형용사): ~가 …하게 만들다

7행 Now **try reading** the conversation again!
   • try + v-ing: 시험 삼아 ~해 보다 (*cf.* try + to-v: ~하려고 노력하다)

---

1 ④   **2** pressure, Bumps

본문해석

탄산음료 페트병은 바닥에 다섯 개의 돌기가 있다. 하지만, 물이나 주스가 들어 있는 페트병에서는 그것들을 찾을 수 없을 것이다. 왜 이럴까? 왜냐하면 탄산음료에는 이산화탄소가 들어 있기 때문이다. 이 가스는 페트병 안에 많은 압력을 만들어 낸다. 그 병은 이 압력에 저항할 수 있어야 한다. 만약 병의 면적이 더 넓으면, 병 속의 압력이 더 적어질 것이다. 그래서 돌기가 추가된 것이다. 그것들이 병의 면적을 늘리고 압력을 분산시킨다. 돌기가 없으면 무슨 일이 일어날까? 압력이 바닥을 밖으로 밀어낼 것이다. 그러면 병은 균형을 잃고 결국 넘어질 것이다.

문제해설

1 페트병 바닥의 돌기들은 페트병의 면적을 늘려 압력을 분산시킨다고 했으므로, 페트병 내부의 압력은 낮아질 것이다.

| 2 | 문제 | 탄산음료 병에 들어 있는 이산화탄소는 압력을 만들어 내고, 그것은 바닥면을 밖으로 밀어내 병이 넘어지게 한다. |
| | 해결책 | 돌기들이 탄산음료 병의 바닥면에 추가되었다. |

구문해설

2행 However, you won't find them on plastic bottles [**that** contain water or juice].
- that 이하는 선행사 plastic bottles를 꾸며 주는 주격 관계대명사절

4행 The bottle **must** *be able to resist* this pressure.
- must: '~해야 한다'라는 뜻으로, 의무나 필요를 나타내는 조동사
- be able to-v: ~할 수 있다 (= can + 동사원형)

5행 **If** the bottle has a greater area, ...
- if: '만약 ~한다면'의 뜻으로, 조건절을 이끄는 접속사

8행 **What would happen without the bumps?**
- 현재 사실의 반대를 가정하는 가정법 과거가 쓰인 문장. 가정법 과거는 기본적으로 〈if + 주어 + v-ed ~, 주어 + 조동사의 과거형 + 동사원형 ...〉의 어순을 따르는데, 여기서는 주절이 의문문으로 제시되었고 without the bumps가 if가 이끄는 조건절을 대신하고 있음
  (without the bumps = if there were not the bumps[if it were not for the bumps])

---

03 p.10   **1** ①, ②   **2** ②   **3** 새어 나간 공기를 채우기 위해 더 많은 공기 방울을 모은다.   **4** trap

본문해석

과거에 사람들은 물속에 들어가기 위해 잠수종을 사용했다. 이 장치는 종과 같은 모양이었고 잠수부들이 호흡할 공기를 담고 있었다. 자연에서 물거미는 자기만의 잠수종을 만든다. 그것은 물속에서 평생을 보내는 유일한 거미 종(種)이다. 먼저 그것은 식물들 사이에 수중 거미줄을 만든다. 그러고 나서 그것은 다리와 배를 사용하여 수면에서 공기 방울을 모은다. 이 몸의 부위들은 털로 덮여 있다. 그 털은 공기 방울을 가두는 것을 돕는다. 그 거미는 이 공기 방울을 거미줄로 가져와 풀어 놓는다. 그것은 공기 방울이 그 안에서 살기에 충분히 커질 때까지 이 과정을 반복한다. 시간이 지나면서 공기는 새어 나가고, 거미는 더 많은 공기 방울을 모아야 한다. 그것은 생애 대부분을 공기 방울 집에서 살며 보낸다.

문제해설

1 ① 공기 방울은 얼마나 오래 지속되는가   ② 거미는 왜 물속에 사는가
   ③ 거미가 얼마나 오래 물속에 머무는가   ④ 거미는 어떻게 집을 만드는가
   ⑤ 거미는 다리에 무엇을 가지고 있는가
▶ 공기 방울이 지속되는 시간과 거미가 물속에 사는 이유는 언급되지 않았다.

2 ① 모으다 – 제공하다   ② 모으다 – 반복하다
   ③ 만들어 내다 – 반복하다   ④ 만들어 내다 – 제공하다
   ⑤ 짓다 – 반복하다
(A) 물거미는 다리와 배를 뒤덮은 털로 공기 방울을 모아서 거미줄에 풀어 놓는 방식으로 집을 만든다고 했으므로, collects가 적절하다.
(B) 공기 방울이 안에 들어가 살기에 충분히 커질 때까지 물거미가 공기 방울을 계속해서 모은다고 했으므로, repeats가 적절하다.

3 거미는 어떻게 집을 유지하는가?
▶ 10~11행 참고

4 어떤 것이 특히 유용하다면 그것을 특정한 장소에 계속 두다: 가두다

1행 In the past, people used diving bells **to go** underwater.
- to go: '~하기 위해'라는 의미의 목적을 나타내는 to부정사의 부사적 용법

2행 These devices ┌ **were shaped** like a bell
               │ and │
               └ **held** air *for divers to breathe.*
- 동사 were shaped와 held가 and로 연결된 병렬 관계
- to breathe는 air를 꾸며 주는 to부정사의 형용사적 용법이며, for divers는 to breathe의 의미상의 주어

4행 It is <u>the only species of spider</u> [**that** spends its whole life underwater].
- that 이하는 선행사 the only species of spider를 꾸며 주는 주격 관계대명사절

9행 It repeats this process **until** the bubble **is** *big enough to live* in.
- until: '~할 때까지'의 의미로 시간의 부사절을 이끄는 접속사이며, 시간의 부사절에서는 현재시제가 미래를 대신하여 is가 쓰임
- 형용사 + enough to-v: ~할 정도로 충분히 …한

11행 It **spends most of its life living** inside its bubble house.
- spend + 시간 + v-ing: ~하는 데 …만큼의 시간을 보내다

---

04 p.12   **1** ⑤   **2** ④   **3** 자신의 이야기를 소셜 미디어에 게시했다.
4 a hairpin, a pair of earrings, a vacuum cleaner, a truck

　　머리핀으로 새집의 값을 지불하는 것이 가능한가? 아마도 당신은 그렇지 않을 거라고 생각할지도 모른다. 하지만 그것은 Demi Skipper(데미 스키퍼)라는 이름의 한 미국 여성이 한 일이다. 어느 날, 그녀는 한 남자의 TED Talk(테드 토크)를 봤다. 그는 종이를 끼우는 클립에서 집으로 교환했다. 그녀는 크게 감명받았고 같은 것을 해 보기로 결심했다. 우선, 그녀는 머리핀을 귀걸이 한 쌍으로 바꾸었다. 그러고 나서 그녀는 그 귀걸이를 네 쌍의 안경과 맞바꾸었다. 다음에 그 안경들은 진공청소기가 되었다! 하지만 그 물건들의 가치가 더 커질수록 물물 교환 상대를 찾기가 더 어려워졌다. 그래서 Skipper는 자신의 이야기를 소셜 미디어에 게시했다. 그것은 많은 관심을 받았다. 그 결과, 비록 27번째 물물 교환에 문제가 생기긴 했지만, 그녀는 18개월 만에 28번의 물물 교환을 할 수 있었다. 그 거래품은 캐나다인의 트럭이었다. 하지만 그것을 국경을 넘어 가지고 오는 것은 어려웠다. 그녀가 그것을 미국으로 들여오는 데 5개월이 걸렸다. 마침내 Skipper는 마지막 물물 교환을 했다. 그녀는 그 트럭을 집과 바꾸었다!

1 Skipper는 머리핀으로 물물 교환을 시작했고, 귀걸이를 네 개의 안경으로 바꾸었으며, 물건의 가치가 커질수록 거래 상대를 찾는 데 어려움을 겪었고, 캐나다인과 물물 교환을 한 적도 있다.

2 '~가 …하는 데 ~만큼의 시간이 걸리다'는 〈It takes + 시간 + for + 목적격 + to-v〉의 어순으로 쓴다.

3 Skipper는 물물 교환 상대를 찾기 위해 어떤 일을 했는가?
▶ 9행 참고

4 처음에 머리핀을 귀걸이 한 쌍으로 바꿨고, 귀걸이를 안경 네 개로 바꾼 뒤, 안경을 진공청소기로 바꿨으며, 27번째 거래품은 트럭이었고, 마지막으로 트럭을 집으로 바꾸게 되었다.

2행 But that's **what** an American woman [*named* Demi Skipper] did.
- what: '~하는 것'이란 뜻으로, 선행사를 포함하는 관계대명사 (= the thing which[that])
- named가 이끄는 [ ]는 an American woman을 꾸며 주는 과거분사구

7행 However, **as** the items became more valuable, it became harder <u>to find trading partners</u>.

가주어 진주어

· as: '~함에 따라, ~할수록'이라는 의미의 접속사

10행 ..., she **was able to make** 28 trades in 18 months, *although* she had ....

· be able to-v: ~할 수 있다

· although: '(비록) ~이지만'이란 뜻의 접속사

REVIEW TEST p.14

A   **1** confused   **2** maintain   **3** attention   **4** border   **5** resist

1 혼란스러워 하는: 어떤 것을 이해할 수 없는	**2** 유지하다: 어떤 것을 좋은 상태로 계속 있게 하다
3 주목; 관심: 사람들이 어떤 것에 주는 관심	**4** 국경: 두 나라를 분리하는 선
5 저항하다: 어떤 것의 영향 또는 힘에 맞서 강하게 버티다	

B   **1** ⑤   **2** ⑤   **3** ①

1 그의 취미는 <u>가치가 큰</u> 그림을 수집하는 것이다.	**2** 나는 인터넷에서 그 주제에 대한 정보를 <u>모아야</u> 한다.
3 이 지역은 젊은 사람들이 <u>흔히</u> 방문한다.	

C   **1** is made up of   **2** fell over   **3** leaks out

SECTION ②

---

01 p.18   **1** ④   **2** $6

본문해석

　　당신이 지켜야 할 마감 기한이 있습니까? The Deadline Café(데드라인 카페)가 도움을 줄 수 있습니다! 당신은 (카페에) 입장할 때 이름, 업무 목표, 필요한 시간으로 양식을 작성합니다. 또한 당신이 원하는 압박의 양도 선택합니다. 'mild(가벼운)'를 선택하면 직원은 당신이 나가기 전에 진행 상황만 확인할 것입니다. 'normal(보통의)'은 직원이 매시간 진행 상황을 확인한다는 의미입니다. 그리고 'hard(강력한)'를 선택하면 직원은 당신이 일을 마칠 때까지 계속 당신을 지켜볼 것입니다. 더 많은 정보를 원하면 아래를 보세요.

- 무료 와이파이가 제공됩니다.
- 15개의 좌석만 이용할 수 있습니다.
- 커피와 차는 셀프로 제공되며 무제한입니다.
- 처음 30분은 1달러이고 그 후에는 시간당 2.5달러입니다.

1 15개의 좌석이 있다고 했으나 좌석을 예약해야 한다는 언급은 없다.

2

이름: 에밀리	압박: 가벼운
시작: 2시	끝: 4시 반
작업 목표: 과제물 끝내기	

▶ 처음 30분은 1달러이고 그 후에는 시간당 2.5달러라고 했으므로, 2시간 30분 동안 머무르려면 6달러를 지불해야 한다.

구문해설

1행 Do you have a deadline **to meet**?
- to meet은 a deadline을 꾸며 주는 to부정사의 형용사적 용법

2행 When you enter, you fill out a form …, and the time [(**that[which]**) you need].
- that[which] 이하는 선행사 the time을 꾸며 주는 목적격 관계대명사절로, that[which]이 생략됨

5행 "Normal" means (**that**) they will check it hourly.
- 동사 means의 목적어절을 이끄는 접속사 that 생략

6행 And with "hard," they will **keep watching** you until you finish your work.
- keep + v-ing: '계속 ~하다'의 뜻으로, keep은 동명사를 목적어로 취하는 동사

11행 The first thirty minutes cost $1 and **each hour** afterward costs $2.50.
- each + 단수명사: '각각의 ~'라는 뜻으로 단수 취급

---

02 p.19 　　1 ② 　　2 눈송이의 빈 공간이 음파를 흡수하여 주변이 조용해지는 것

본문해석

　왜 눈 내리는 밤은 무척 고요하고 평화로워 보일까? 그것은 눈이 모든 것을 더 조용하게 만들기 때문이다! 눈송이의 모양이 이것을 가능하게 한다. 눈송이는 6개의 변을 가지고 있다. 각 변에는 많은 빈 공간이 있다. 이 공간들은 음파를 흡수한다. 그 결과, 인근의 모든 것이 더 조용해진다. 눈이 녹으면서, 눈송이 속의 공간은 더 작아진다. 이것이 눈송이의 모양을 바꾼다. 녹은 눈이 다시 얼면, 그 눈송이는 그것의 특별한 능력을 모조리 잃는다. 그 대신 눈송이는 표면이 얼음으로 덮여 음파를 반사한다. 이는 실제로 소리를 더 크게 들리게 한다. 그러니 눈 오는 밤을 즐겨라. 눈이 녹기 시작하면, 그 특별한 느낌은 사라질 것이다.

문제해설

1 ① 크기 　　② 모양 　　③ 숫자 　　④ 움직임 　　⑤ 온도

▶ 눈송이의 6개의 변에 있는 빈 공간이 음파를 흡수해서 주변이 더 조용해진다고 했으므로, 눈송이의 모양이 이것(모든 것을 조용하게 만드는 것)을 가능하게 한다는 것이 적절하다.

2 their special ability는 앞에서 언급한 눈송이의 빈 공간이 음파를 흡수하는 것을 가리킨다.

구문해설

1행 Why do snowy nights **seem** so **calm** and **peaceful**?
- seem + 형용사: ~하게 보이다, ~인 것 같다

1행 It's because snow **makes** *everything quieter*!
- make + 목적어 + 목적격보어(형용사의 비교급): ~을 더 …하게 만들다
- everything quieter: -thing으로 끝나는 대명사는 형용사가 뒤에서 꾸며 줌

4행 As a result, everything nearby **becomes quieter**.
- become + 형용사: ~해지다

5행 **As** the snow melts, the spaces in the snowflakes *get smaller*.

- as: '～할 때, ～하면서'라는 의미의 시간을 나타내는 접속사

- get + 형용사: ～해지다

9행 This actually **makes sounds seem** louder.

- make(사역동사) + 목적어 + 목적격보어(동사원형): ～을 …하게 하다

---

03 p.20 **1** ④ **2** ② **3** ③ **4** the company's original three stores

본문해석

로고는 회사의 고유한 상징이다. 로고를 통해, 회사는 자기가 어떤 회사인지 보여 준다. 하나의 예는 유명한 온라인 쇼핑 회사인 Amazon(아마존)에서 나온다. 그것의 로고는 소문자로 쓰인 이름과 주황색 화살표이다. 화살표는 두 가지 의미를 지닌다. 첫 번째는 화살표가 글자 'a'에서 시작하고 글자 'z'에서 끝난다. 이것은 Amazon이 모든 것을 판다는 것을 보여 준다. 두 번째는 화살표가 구부러져 있어서, 마치 미소처럼 보인다. 이것은 Amazon이 고객을 행복하게 해 주고 싶어 한다는 것을 의미한다.

세계에서 가장 큰 피자 회사인 Domino's(도미노스) 또한 독특한 로고를 가지고 있다. Domino's 로고에는 세 개의 점이 있는 도미노가 있다. 그 점들은 회사의 세 개의 본점을 나타낸다. 처음에 Domino's는 모든 새로운 가게에 점을 추가하길 원했다. 하지만 그 회사는 생각을 바꿨다. 그것은 좋은 결정이었는데, 왜냐하면 지금은 약 20,000개의 점포가 있기 때문이다!

문제해설

1 ① 회사는 어떻게 로고를 만드는가 ② 지금까지 만들어진 가장 유명한 로고들
③ 로고는 어떻게 회사의 매출에 영향을 미치는가 ④ 유명한 로고 뒤에 숨겨진 의미
⑤ 독특한 로고 제작의 어려움

▶ Amazon과 Domino's를 예로 들어 회사가 로고를 통해 자신의 정체성을 빗대어 드러낸다는 것을 설명하는 글이다.

2 동사 end의 주어는 the arrow이고 동사 starts와 and로 병렬 연결되어 있으므로, 단수 취급하여 end가 아닌 ends가 적절하다.

3 Amazon 로고의 모든 글자가 소문자로 쓰여 있고, a에서 z에 걸쳐 미소처럼 보이는 구부러진 화살표가 있다고 했다.

4 11행 참고

구문해설

1행 **Through** its logo, a company shows *what it is*.

- Through: '～을 통해'라는 의미의 전치사

- what it is: 동사 shows의 목적어로 쓰인 〈의문사 + 주어 + 동사〉 어순의 간접의문문

2행 One example comes from **Amazon, a famous online shopping company**.

- Amazon과 a famous online shopping company는 동격 관계

6행 Second, the arrow is **curved**, ...

- curved: 곡선의, 휜

9행 Domino's, the largest pizza company in the world, also **has** a unique logo.

- 주어인 고유명사 Domino's는 단수 취급하므로 동사에 has가 옴

---

04 p.22 **1** ② **2** ③ **3** 얇게 썬 사과 조각들 위에 반죽을 올리는 것 **4** creation

<u>사소한 실수</u>가 Stéphanie Tatin(스테파니 타탱)의 맛있는 디저트의 창조로 이어졌다. 1880년대에 Stéphanie는 프랑스에서 여동생과 함께 호텔을 운영했다. Stéphanie는 호텔에서 주방장으로 일했다. 그녀가 가장 잘하는 요리는 사과 타르트였다. 그녀의 타르트는 부드럽고 달콤해서 호텔의 손님들에게 큰 인기를 끌었다.

(B) 어느 날 Stéphanie는 바빠서 타르트 반죽을 잊어버렸다. 그녀는 팬의 바닥에 얇게 썬 사과 조각과 설탕만 놓아둔 것 이었다! 하지만 많은 손님들이 그 요리를 기다리고 있어서 다시 시작할 수 없었다.

(A) 그때 그녀에게 좋은 생각이 떠올랐다. 그녀는 그냥 얇게 썬 사과 조각 위에 반죽을 올렸다! 그것이 구워졌을 때 그녀는 타르트를 거꾸로 뒤집어서 제공했다.

(C) 이러한 방식으로 타르트를 굽는 것은 사과가 설탕을 더 잘 흡수하는 데 도움이 되었다. Stéphanie의 새 타르트는 그 어느 때보다 맛이 더 풍부하고 달콤했다! 그것이 타르트 타탱이 탄생한 순간이었다.

1 ① 도난당한 조리법   ② 사소한 실수
   ③ 완벽한 계획   ④ 손님에 의한 불평
   ⑤ 불운한 사고

   ▶ 실수로 반죽을 가장 먼저 까는 것을 잊어버렸지만 이 실수를 통해 더 만족스러운 디저트를 만들게 되었으므로, 빈칸에는 A slight mistake가 적절하다.

2 어느 날 Stéphanie가 타르트 반죽을 깜박 잊고 팬의 바닥에 사과 조각과 설탕만 올렸다는 내용의 (B) 이후에, 시간이 없어서 사과 조각 위에 반죽을 마저 올렸다 다 구워진 타르트를 통째로 뒤집어서 제공했다는 내용의 (A)가 오고, 새 타르트는 더 맛이 있었고 이렇게 타르트 타탱이 탄생했다는 내용의 (C)로 이어지는 것이 자연스럽다.

3 6~7행 참고

4 새로운 것을 만드는 행위: 창조, 창작

3행 Stéphanie worked **as** a chef in the hotel.
     • as: '~로(서)'의 의미로 쓰인 전치사

4행 Her tart was a big hit with hotel guests, **as** it was tender and sweet.
     • as: '~이기 때문에'라는 의미로 쓰인 접속사

7행 When it was baked, she just ┌ **flipped** the tart upside down
                              └ and
                              └ **served** it.
     • 동사 flipped와 served는 and로 연결된 병렬 관계

13행 **Baking it in this way** helped the apples absorb the sugar better.
     • Baking it in this way: 주어 역할을 하는 동명사구

14행 Stéphanie's new tart **tasted** *richer* and *sweeter* *than* ever!
     • taste + 형용사의 비교급: 더 ~한 맛이 나다
     • 비교급 + than: ~보다 더 …한[하게]

15행 That was <u>the moment</u> [(**when**[**that**]) tarte Tatin was born].
     • when[that] 이하는 선행사 the moment를 꾸며 주는 관계부사절로, 관계부사 when[that]이 생략됨

REVIEW TEST

p.24

A **1** symbol **2** serve **3** surface **4** disappear **5** tender

1 상징: 어떤 것을 나타내는 데 사용된 그림	2 (음식을) 제공하다: 누군가에게 음식이나 음료를 내놓다
3 표면: 어떤 것의 윗부분이나 바깥쪽	4 사라지다: 시야에서 나가다
5 부드러운: 부드럽고 씹기 쉬운	

B   1 ③   2 ④   3 ②

| 1 그 배는 바다의 <u>바닥</u>으로 가라 앉았다. | 2 나는 휴가를 위한 <u>고요한</u> 장소를 원한다. |
| 3 <u>아래쪽</u> 빈칸에 이름을 쓰세요. | |

C   1 looks like   2 come up with   3 fill out

SECTION ③

01 p.28   1 ②   2 ③

본문해석

제설제는 겨울 폭풍 이후에 우리가 안전하게 인도 위를 걷고 도로 위에서 운전할 수 있게 해 준다. 그러나 제설제는 환경에 해를 끼친다. 제설제는 토양에 안 좋은 화학 물질을 포함하고 있다. 또한 이런 화학 물질이 호수나 시내로 흘러 들어가면 물고기에게 문제를 일으킬 수 있다. 다행히 사람들은 이러한 해로운 화학 물질의 대안을 만들어 왔다. 눈과 얼음을 녹일 수 있는 전열선이 있는 도로의 형태가 하나의 예이다. 또 다른 예는 Ecotraction(에코트랙션)이다. 그것은 화산 광물로 만들어진다. 그것은 사람들과 자동차가 미끄러운 도로에서 미끄러지지 않게 해 준다. 그리고 그것은 환경에 무해하다!

문제해설

1 환경에 해를 끼치는 화학 물질이 들어간 제설제를 대체할 친환경적인 대안들을 설명하는 글이다.

2 주어진 문장은 제설제의 해로운 화학 물질의 대안을 만들었다는 내용이므로, 제설제를 대체할 수 있는 제품을 소개하는 부분 앞인 ③에 와야 한다.

구문해설

1행   De-icing products **allow us** ┌ **to** safely **walk** on sidewalks
                                    │ and
                                    └ (**to**) **drive** on roads after winter storms.

   • allow + 목적어 + 목적격보어(to-v): ~가 …하게 하다[허락하다]
   • to walk와 (to) drive는 and로 연결된 병렬 관계로, and 뒤에 있는 to는 흔히 생략됨

3행   They contain <u>chemicals</u> [**that** are bad for the soil].
   • that 이하는 선행사 chemicals를 꾸며 주는 주격 관계대명사절

8행   It **prevents people and cars from sliding** on slippery roads.
   • prevent + 목적어 + from + v-ing: ~가 …하는 것을 막다

본문해석

당신이 쇼핑하러 가서 150달러짜리의 멋진 신발을 찾았다고 상상해 봐라. 당신은 그것이 너무 비싸다고 생각한다. 다음으로 당신은 80달러짜리의 다른 신발을 본다. 당신은 그것이 꽤 싸다고 생각해서 그것을 구입한다. 당신은 방금 닻 내림 효과를 경험하였다! 닻 내림 효과는 사람들이 받은 첫 번째 정보에 근거하여 결정을 내릴 때 일어난다. 다시 말해서, 그들은 이 정보에 '닻을 내리게' 된다. 상점들은 흔히 정가 위에 할인된 가격을 보여 줌으로써 닻 내림 효과를 이용한다. 그것은 할인된 가격이 더 좋아 보이게 한다. 결과적으로 소비자들은 그 상품을 살 가능성이 더 높고 상점들은 더 많은 돈을 번다.

문제해설

1   상점들이 상품을 팔기 위해 첫 번째 정보에 근거해서 결정을 내리는 닻 내림 효과를 이용한다는 내용의 글이다.

2   주어가 It이므로 문장의 동사는 3인칭 단수형인 makes가 적절하며, 내용상 '할인된 가격이 더 좋아 보이게 한다'라는 뜻이 되어야 하므로 〈make(사역동사) + 목적어 + 목적격보어(동사원형)〉 구문을 사용하고, seem 뒤에 보어로 형용사의 비교급인 better를 쓴다.

구문해설

1행   Imagine (**that**) you ⌐ *go shopping*
                        | and |
                        └ *find* cool shoes for $150.
   • 동사 Imagine의 목적어절을 이끄는 접속사 that 생략
   • go + v-ing: ~하러 가다
   • 목적어절의 동사 go와 find는 and로 연결된 병렬 관계

3행   You **have just experienced** the anchoring effect!
   • have experienced: '완료'를 나타내는 현재완료로, 부사 already, yet, just 등과 자주 함께 쓰임

4행   The anchoring effect occurs when people make decisions **based on** the first information [(*that*) they receive].
   • based on: ~에 근거하여
   • that 이하는 선행사 the first information을 꾸며 주는 목적격 관계대명사절로, that이 생략됨 (선행사가 first 등의 서수사를 포함할 경우 주로 관계대명사 that을 씀)

7행   Stores often use the anchoring effect **by showing** the original price ....
   • by + v-ing: ~함으로써

9행   As a result, consumers **are** more **likely to buy** the item, and stores make more money.
   • be likely to-v: ~할 것 같다, ~할 가능성이 있다

본문해석

백색증은 흔하지 않은 질환이다. 그것은 사람과 동물 모두에게 발병한다. 백색증은 그들이 백색 피부, 털, 그리고 깃털을 갖게 한다. 그들은 또한 분홍색이나 파란색 눈을 가지고 있을 수도 있다. 놀랍게도, 식물 역시 백색증이 발병할 수 있다! 백색증에 걸린 식물은 엽록소를 가지고 있지 않은데, 그것(엽록소)은 식물이 영양분을 만드는 것을 돕는다. 이러한 이유로, 대부분의 백색증에 걸린 식물은 수명이 짧다. 하지만 삼나무는 다르다. 캘리포니아에는 백색증에 걸린 삼나무가 많

이 있다. 그것들은 겨울에 갈색으로 변하는 흰색 잎을 가지고 있다. 백색증에 걸린 삼나무는 자신의 뿌리를 다른 나무의 뿌리에 붙임으로써 살아남는다. 이는 그것이 필요한 영양분을 얻게 해 준다.

당신은 이 나무가 주변의 나무로부터 영양분을 빼앗기 때문에 기생충이라고 생각할 수도 있다. 하지만 백색증에 걸린 삼나무는 다른 나무들을 돕기도 한다. 그것은 토양에서 독소를 제거한다. 결과적으로 그 지역의 모든 나무가 살아남을 수 있다.

문제해설

1 ① 왜 백색증이 식물에 발생하는가
② 왜 엽록소가 식물에게 중요한가
③ 왜 대부분의 백색증에 걸린 식물들이 캘리포니아에 사는가
④ 백색증에 걸린 삼나무는 자연에서 어떻게 살아남는가
⑤ 백색증에 걸린 삼나무는 다른 삼나무와 어떻게 다른가
▶ 백색증에 걸린 삼나무는 그것의 뿌리를 다른 나무의 뿌리에 붙여서 얻은 영양분으로 살아남는다는 내용의 글이다.

2 백색증은 식물에게도 발병하며 백색증에 걸린 식물은 수명이 짧고, 백색증에 걸린 삼나무의 잎은 겨울에 갈색으로 변하며 토양에서 유독성 물질을 제거한다고 했다.

3 2~3행 참고

4 백색증에 걸린 삼나무는 자신의 뿌리를 가까이에 있는 나무의 뿌리에 붙임으로써 영양분을 얻기 때문에 종종 기생충으로 여겨진다. 하지만 그것은 또한 토양에서 독소가 있는 물질을 제거함으로써 이러한 다른 나무들을 돕는다.

구문해설

1행 It affects **both** people **and** animals.
• both A and B: 'A와 B 둘 다'의 뜻으로 A와 B에는 같은 문법 형태가 옴

2행 It **causes** *them* **to have** white skin, ...
• cause + 목적어 + 목적격보어(to-v): ~가 …하도록 야기하다
• them: 앞 문장의 both people and animals를 가리키는 대명사

3행 Surprisingly, plants **can be affected** by albinism as well!
• can be affected: 〈조동사 + be v-ed〉 형태의 조동사가 쓰인 수동태

5행 Plants with albinism don't have any chlorophyll, **which** *helps plants make* nutrients.
• which 이하는 선행사 chlorophyll을 부연 설명하는 계속적 용법의 주격 관계대명사절
• help + 목적어 + 목적격보어(동사원형[to-v]): ~가 …하는 것을 돕다

8행 They have white leaves [**that** *turn brown* in winter].
• that 이하는 선행사 white leaves를 꾸며 주는 주격 관계대명사절
• turn + 형용사: (~한 상태로) 변하다, ~해지다

04 p.32   **1** ③   **2** ④   **3** 돼지 방광에 물감을 보관하는 것은 가지고 다니기 어려우며 물감이 빠르게 말라버림
4 bladders, metal, outside, observe, impressionism

본문해석

오래전에 화가들은 물감을 돼지 방광에 보관했다. 하지만 방광은 가지고 다니기 어려웠고 물감은 빠르게 말라버렸다. 이것은 화가들이 야외의 풍경을 그리는 것을 어렵게 만들었다. 풍경을 바라본 후, 그들은 작업실로 돌아와야 했다. 그리고 나서 그들은 그들이 본 것을 기억하려고 애썼다.

1841년 미국의 화가인 John Goffe Rand(존 고프 랜드)가 이러한 불편함을 끝냈다. 그는 단단한 뚜껑이 있는 금속 튜브를 발명했다. 그것들은 가지고 다니기 쉽고 물감을 촉촉하게 유지해 줬다. 이 튜브 덕분에, 화가들은 어디서든 그림을 그릴 수 있었다. 밖에서 작업할 때, 그들은 더 많은 세부적인 것들을 관찰할 수 있었다. 심지어 그들은 다른 종류의 빛을 볼 수 있었다. 그 화가들은 그것들을 캔버스에 담았다. 이 새로운 방식의 그림은 인상주의라고 불리는 화풍으로 이어졌다.

인상주의는 빠른 붓놀림으로 그린 야외의 풍경을 특징으로 한다. Claude Monet(클로드 모네)는 가장 유명한 인상주의 화가 중 한 명이다. 당신이 그의 작품을 즐긴다면, Rand의 금속 튜브에 고마워할 수 있다.

문제해설

1 ① 현대 미술에서 돼지 방광의 사용 ② 예술가들이 새로운 화풍에 어떻게 반응했는가
③ 한 발명품이 회화와 미술에 미친 영향 ④ 금속 튜브를 발명한 잊혀진 천재
⑤ 인상주의: 풍경에 초점을 맞춘 화풍

▶ 물감을 편하게 휴대할 수 있는 금속 튜브의 발명이 화가들의 작업 환경을 바꾸어 인상주의라는 새로운 화풍이 나타나게 되었다는 내용의 글이다.

2 주어진 문장은 부사 even(심지어)을 사용하여 앞 내용을 부연 설명하고 있으므로, 밖에서 더 많은 세부적인 것들을 볼 수 있었다는 문장 뒤인 ④에 오는 것이 적절하다.

3 1~4행 참고

4

물감은 돼지 방광에 보관되었다.

▼

John G. Rand는 금속 물감 튜브를 발명했다.

▼

그의 발명품은 화가들이 야외에서 작업하고 더 많은 세부 사항을 관찰할 수 있게 해 주었다.

▼

인상주의라고 불리는 새로운 화풍이 창조되었다.

구문해설

2행 But the bladders were hard **to carry**, and the paint dried out quickly.
• to carry: '~하기에'라는 뜻으로, 형용사(hard)를 꾸며 주는 to부정사의 부사적 용법

4행 This **made it difficult** for artists **to paint outdoor scenes**.
　　　　　　가목적어　　to부정사의 의미상 주어　　　진목적어
• make + 목적어 + 목적격보어(형용사): ~을 …하게 만들다

5행 **After admiring a landscape**, they had to return to their studios.
• '때'를 나타내는 분사구문으로, 의미를 분명히 하기 위해 접속사 After를 생략하지 않음

6행 Then they **tried to remember** *what* they had seen.
• try + to-v: ~하려고 노력하다 (*cf.* try + v-ing: 시험 삼아 ~해 보다)
• what : '~하는 것'이란 뜻으로, 선행사를 포함하는 관계대명사
• had seen: 〈had + v-ed〉 형태의 대과거로, 과거(tried) 이전의 일을 나타냄

8행 In 1841, **John Goffe Rand, an American painter**, ended this inconvenience.
• John Goffe Rand와 an American painter는 동격 관계

15행 Impressionism features outdoor scenes [**painted** with rapid brush motions].
• painted 이하는 outdoor scenes를 꾸며 주는 과거분사구

16행 Claude Monet is **one of the most famous impressionists**.
• one of the + 최상급 + 복수명사: 가장 ~한 … 중 하나

A **1** slippery **2** remove **3** nutrient **4** flow **5** cheap

> **1** 미끄러운: 매끄럽거나 젖어서 잡거나 움직이기 어려운   **2** 제거하다, 없애다: 어떤 것을 한 곳에서 치워 버리다
> **3** 영양분: 생명체가 살고 자라기 위해 필요한 물질   **4** 흐르다: 한 방향으로 계속해서 움직이다
> **5** (값이) 싼: 예상했던 것보다 더 적은 비용이 드는

B **1** ② **2** ③ **3** ①

> **1** 그는 아름다운 풍경의 사진을 찍었다.   **2** 나의 할아버지는 빠른 회복을 하셨다.
> **3** 이 청소용품은 아이들에게 무해하다.

C **1** as well **2** based on **3** Thanks to

SECTION ④

01 p.38   **1** ⑤   **2** (1) 승무원 제복과 기내의 여러 장소에 회사를 대표하는 향기를 사용한다. (2) 통풍구를 통해 버거 굽는 냄새를 퍼뜨린다.

본문해석

> 향기는 우리 기억에 강력한 영향을 미칠 수 있다. 이런 이유로 몇몇 회사들은 고객의 마음속에 머물기 위해 특정한 향기를 사용한다. 싱가포르 항공이 한 예이다. 그들은 자신을 대표하는 향기를 만들기 위해 싱가포르가 원산지인 여섯 종류의 꽃을 사용했다. 그 향기는 승무원 제복과 기내의 여러 장소에 사용된다. 이것은 승객들이 그 향기를 싱가포르 항공 브랜드 이미지의 일부로 생각하도록 한다. 또 다른 예는 버거킹이다. 버거킹은 버거를 굽는 냄새를 퍼뜨리기 위해 그곳의 통풍구를 이용한다. 이것은 (식당) 근처에 있는 사람들이 배고픔을 느끼고 그 식당을 생각하게 만든다. 분명히 기업들은 향기의 위력을 알게 된 것이다!

문제해설

1 ① 고객을 속이다   ② 불쾌한 냄새를 숨기다
  ③ 다른 기업들을 모방하다   ④ 그들의 직원들을 격려하다
  ⑤ 고객의 마음속에 머무르다
  ▶ 빈칸 뒤에서 기업들이 고객에게 자신들의 브랜드를 생각나게 할 목적으로 특정 향기를 이용하는 사례를 제시하고 있다.
2 (1) 6~7행 참고
  (2) 9~10행 참고

구문해설

> **5행** They used six kinds of flowers [**that** are native to Singapore] *to create* a signature scent.

- that이 이끄는 [ ]는 선행사 six kinds of flowers를 꾸며 주는 주격 관계대명사절
- to create: '~하기 위해'라는 의미의 목적을 나타내는 to부정사의 부사적 용법

8행 This **makes passengers** *think of* the scent *as* part of the Singapore Airlines brand image.
- make(사역동사) + 목적어 + 목적격보어(동사원형): ~가 …하게 하다
- think of A as B: A를 B로 생각하다

---

p.39　　**1** ③　　**2** 우리의 뇌는 완전한 이미지를 형성하기 위해 부분들을 합치려고 하기 때문에

본문해석

　　당신은 구름 속에서 얼굴을 본 적이 있는가? 이 경험은 변상증이라고 불린다. 그것은 사람들이 일상적인 물건에서 얼굴을 보게 한다. 볼링공 사진을 봐라. 당신은 아마 충격을 받은 얼굴을 볼 수 있을 것이다. 왜 우리는 변상증을 경험하는 것일까? 한 가지 이유는 그것이 오래전에 우리가 생존하도록 도와주었기 때문이다. 어둠 속에 있거나 정글에 숨겨진 얼굴을 알아볼 수 있는 것은 유용한 기술이었다. 그것은 우리의 적이 우리에게 몰래 접근하는 것을 막았다. 또한, 그것은 뇌의 정상적인 기능이다. 우리의 뇌는 완전한 이미지를 형성하기 위해 부분들을 합치려고 자주 애쓴다. 이것이 우리가 볼링공의 세 개의 구멍을 충격받은 얼굴로 보는 이유이다!

문제해설

1　① 왜 시력이 생존에 중요한가
　② 어떻게 진짜 물체와 가짜 물체를 구별하는가
　③ 왜 사람들은 종종 물체에 숨겨진 얼굴을 보는가
　④ 어떻게 우리 조상들은 적을 피할 수 있었는가
　⑤ 어떻게 사람들은 다른 사람들의 얼굴을 알아보는가
　▶ 일상적인 물체에서 얼굴을 보게 되는 변상증을 경험하는 이유를 설명하는 글이다.

2　9~10행 참고

구문해설

1행 **Have** you **ever seen** a face in the clouds?
- Have + 주어 + v-ed …?: '경험'을 나타내는 현재완료로, 부사 ever, never, before 등과 자주 함께 쓰임

6행 One reason is because it **helped us survive** long ago.
- help + 목적어 + 목적격보어(동사원형[to-v]): ~가 …하는 것을 돕다

7행 **Being** able to recognize faces [*in* the dark] or [*hidden* in the jungle] was a useful skill.
- Being은 주어 역할을 하는 동명사로, 단수 취급
- in이 이끄는 [ ]와 hidden이 이끄는 [ ]는 각각 faces를 꾸며 주는 전치사구와 과거분사구

8행 It **prevented our enemies from sneaking** up on us.
- prevent + 목적어 + from + v-ing: ~가 …하는 것을 막다, ~가 …을 못하게 하다

10행 **This is why** we *see* the three holes of the bowling ball *as* a shocked face!
- This is why ~: 이것이 ~하는 이유이다, 그래서 ~하는 것이다
- see A as B: A를 B로 보다

---

03 **p.40**　　**1** ⑤　　**2** ④　　**3** because they help people feel cleaner　　**4** flow, absorbed, eat, affected

비누와 바디 워시 같은 많은 현대의 목욕 제품에 '마이크로비즈'라고 알려진 작은 플라스틱 조각이 들어 있다. 이런 마이크로비즈는 보통 폭이 2밀리미터도 안 된다. 기업들은 그것들(마이크로비즈)이 사람들이 더 깨끗하다고 느끼도록 돕기 때문에 그것들을 사용한다. 유감스럽게도, 이 작은 구슬들은 큰 문제를 일으켜 왔다. 당신이 씻을 때 마이크로비즈는 화장실 하수구로 내려간다. 결국 그것들은 호수, 강, 바다로 흘러 들어가게 된다. 그곳에서 그것들은 물속에 있는 위험한 화학 물질을 흡수하고 물고기에게 먹힌다. 이는 해산물을 먹는 사람들이 마이크로비즈에 의해 해를 입을 수 있다는 것을 의미한다. 이런 이유로 미국은 2015년에 기업들이 제품에 마이크로비즈를 사용하는 것을 금지했다. 다른 많은 나라들 역시 똑같이 해 오고 있다. 그러므로 다음에 목욕 제품을 살 때, 그것들에 마이크로비즈가 들어 있는지 확인해 봐라.

1 ① 수질 오염을 줄이기 위한 새로운 노력 ② 플라스틱 폐기물이 어떻게 안전하게 재활용될 수 있는가
③ 천연 목욕 제품을 만드는 기업 ④ 왜 마이크로비즈가 목욕 제품에 사용되는가
⑤ 목욕 제품에 사용되는 작은 플라스틱 조각의 위험성
▶ 목욕 제품에 들어 있는 마이크로비즈가 수질 오염뿐만 아니라 해산물을 섭취하는 인간에게도 악영향을 끼칠 수 있다는 내용의 글이다.

2 ① 대신에 ② 게다가 ③ 예를 들어 ④ 이런 이유로 ⑤ 반면에
▶ 빈칸 앞에서는 마이크로비즈의 위험성을 이야기하고, 빈칸 뒤에서는 미국이 기업들의 제품 속 마이크로비즈 사용을 금지했다는 내용이 이어지므로 인과 관계를 나타내는 For this reason이 알맞다.

3 접속사 because를 먼저 쓰고, 문맥상 they가 앞 문장의 These microbeads를 가리키므로 '~가 …하도록 돕다'의 의미인 〈help + 목적어(people) + 동사원형(feel)〉 구문을 사용한다. cleaner는 형용사의 비교급으로 feel 뒤에 쓴다.

4

마이크로비즈가 사람들에게 미치는 영향	
원인	• 그것들은 강과 바다로 흘러 들어간다. • 해로운 화학 물질은 그것들에 의해 흡수된다. • 물고기들이 그것들을 먹는다.
결과	• 사람들은 해산물을 먹음으로써 부정적으로 영향받을 수 있다.

2행 ..., contain small pieces of plastic [**known** as "microbeads"].
• known 이하는 small pieces of plastic을 꾸며 주는 과거분사구

5행 Unfortunately, these small beads **have caused** big problems.
• have caused: '계속'을 나타내는 현재완료 (~해 왔다)

8행 This means **that** people [*who* eat seafood] could be harmed by microbeads.
• that: 동사 means의 목적어절을 이끄는 접속사
• who가 이끄는 [ ]는 선행사 people을 꾸며 주는 주격 관계대명사절
• could be harmed: 〈조동사 + be v-ed〉 형태의 조동사가 쓰인 수동태

10행 ..., the United States **banned companies from using** microbeads in their products in 2015.
• ban + 목적어 + from + v-ing: ~가 …하는 것을 금지하다

12행 So **the next time you're buying** bath products, check *if* they contain microbeads.
• the next time + 주어 + 동사: 다음에 ~가 …할 때
• if: '~인지 아닌지'라는 뜻으로, 명사절을 이끄는 접속사

본문해석

2003년에 Lawrence Anthony(로렌스 앤서니)라는 남아프리카 공화국의 환경 운동가는 이라크 전쟁에 대한 뉴스 보도를 보았다. 그 전쟁으로 인해 그 나라의 가장 큰 동물원에 있는 동물들이 죽어가고 있었다. Anthony는 도와주기 위해 즉시 이라크의 바그다드로 날아갔다. 바그다드 동물원에서 그는 수많은 텅 빈 우리를 발견했다. 다른 곳들은 그 안에서 죽었거나 죽어가는 동물들이 있었다. Anthony는 도움을 요청했고 동물원 사육사와 지역 주민들 모두가 도와주기로 했다. 그들은 살아남은 동물원 동물들에게 물을 가져다 주기 위해 수로를 지었다. (운하는 흔히 배로 물건을 운반하는 데 사용된다.) 그리고 Anthony는 육식 동물들에게 먹이를 주기 위해 당나귀 몇 마리를 샀다. 비록 이라크군과 미군은 몇 주 전만 해도 싸우고 있었지만, 동물들을 돕기 위해 함께 일했다. 그들은 동물원의 경비로 자원했고 탈출했던 동물들을 찾았다. 세계의 국제기구들이 동물원에 보급품과 돈을 보냈다. 모두의 노력 덕택에, 바그다드 동물원은 6개월 만에 대중에게 다시 문을 열었다.

문제해설

1 동물원에 있던 많은 동물들이 이미 달아났거나 죽어가고 있었으며, 지역 주민들이 Anthony를 돕기로 했고, 동물들에게 물을 가져다 주기 위해 수로를 만들었으며, 세계의 국제기구들이 보급품과 돈을 보냈다고 했다.

2 운하의 일반적인 쓰임에 대한 내용은 바그다드 동물원의 동물들을 구하기 위한 활동과 관계가 없다.

3
| Lawrence Anthony는 왜 당나귀를 구입했는가? |

▶ 12~13행 참고

4
| Anthony는 이라크 전쟁 중에 동물들을 <u>구하기</u> 위해 바그다드 동물원에 갔다. |

▼

| <u>남은</u> 동물들은 거의 죽을 지경이었다. |

▼

| 미군과 이라크군은 구조 활동에 <u>참여했다</u>. |

▼

| 바그다드 동물원은 모두의 노력 덕분에 <u>복구되었다</u>. |

구문해설

1행 In 2003, a South African environmentalist [**named** Lawrence Anthony] saw a news report about the Iraq War.
- named가 이끄는 [ ]는 a South African environmentalist를 꾸며 주는 과거분사구

7행 Others had **dead** or **dying** animals in them.
- 형용사 dead와 dying은 or로 연결된 병렬 관계

8행 Anthony asked for aid, and **both** zookeepers **and** local people *agreed to help*.
- both A and B: A와 B 둘 다
- agree + to-v: '~하는 데 동의하다'의 의미로, agree는 to부정사를 목적어로 취하는 동사

11행 Canals **are** often **used to transport** goods on boats.
- be used to-v: ~하기 위해 사용되다 (*cf.* be used to v-ing: ~하는 데 익숙하다)

14행 …, **even though** they *had been fighting* just weeks earlier.
- even though: '비록 ~이긴 하지만'이라는 의미의 양보의 부사절을 이끄는 접속사
- had been fighting: 〈had been v-ing〉 형태의 과거완료진행형으로, 과거의 특정 시점 이전에 시작된 일이 과거의 특정 시점에도 계속 진행되고 있음을 강조함

15행 They volunteered **as** guards for the zoo and searched for animals [*that* had escaped].

- as: '~로(서)'라는 의미의 전치사
- that 이하는 선행사 animals를 꾸며 주는 주격 관계대명사절
- had escaped: 〈had v-ed〉 형태의 대과거로, 과거(searched)의 시점보다 먼저 일어난 일을 나타냄

REVIEW TEST

p.44

A　**1** scent　**2** memory　**3** native　**4** volunteer　**5** harm

> **1** 향기, 향내: 기분 좋은 냄새　　　　　　　**2** 기억: 어떤 것을 기억하는 능력
> **3** 원산지의, 토박이의: 특정한 장소에서 유래한　**4** 자원하다, 자원봉사로 하다: 돈을 받지 않고 일을 해 주다
> **5** 손상시키다, 해를 끼치다: 어떤 사물이나 사람에게 나쁜 영향을 끼치다

B　**1** ⑤　**2** ②　**3** ②

> **1** 휴대 전화는 현대 사회의 필수품이다.　　　**2** 이 지역에서 흡연은 금지되어 있다.
> **3** 그 상자는 완전히 비어 있다.

C　**1** sneaked up　**2** had an effect on　**3** ended up

SECTION ⑤

01 p.48　**1** ④　　**2** (1) 누구나 신제품에 대한 아이디어를 낼 수 있게 한다.　(2) 많은 투표를 받은 아이디어 중 좋은 것을 정하여 실제 제품으로 출시한다.

본문해석

　　'백지장도 맞들면 낫다.' 이것은 속담이다. 이는 두 사람이 한 사람이 할 수 있는 것보다 두 배 더 많은 아이디어를 생각해 낼 수 있다는 뜻이다. 최근에, 기업들은 수천 명의 사람들과 이 개념을 이용한다. 그것은 크라우드소싱이라 불린다. LEGO(레고)라는 장난감 회사가 하나의 좋은 예이다. 그들은 LEGO Ideas(레고 아이디어스)라고 불리는 특별한 웹사이트를 갖고 있다. 누구나 이 사이트에서 새로운 제품에 대한 아이디어를 공유할 수 있다. 만약 어떤 아이디어에 일만 명의 사람들이 투표를 하면 LEGO는 그 아이디어를 검토한다. LEGO가 그 아이디어를 선정하면 그것은 실제 장난감이 된다. 그 제품을 만든 사람은 판매 한 건당 약간의 돈을 받는다. 그리고 물론 LEGO도 새로운 장난감에 대한 수천 개의 공짜 아이디어를 얻는다. 이것은 서로에게 득이 되는 상황인 것이다!

문제해설

1　① 쥐구멍에도 볕 들 날이 있다.　　　② 연습이 완벽을 만든다.

③ 쇠뿔도 단김에 빼랬다. ④ 백지장도 맞들면 낫다.

⑤ 말보다 행동이 중요하다.

▶ 여러 사람의 아이디어를 모아 신제품을 개발하는 사례를 들고 있다.

2 7~9행 참고

구문해설

2행 It means (**that**) two people can think of *twice as many ideas as* one person can.

• 동사 means의 목적어절을 이끄는 접속사 that 생략

• 배수사 + as + 형용사[부사]의 원급 + as ~: ~보다 몇 배 더 …한[하게]

6행 They have a special website [**called** LEGO Ideas].

• called 이하는 a special website를 꾸며 주는 과거분사구

9행 The person [**who** created the product] receives a little money from each sale.

주어   동사

• who가 이끄는 [ ]는 선행사 The person을 꾸며 주는 주격 관계대명사절

10행 And, of course, LEGO gets **thousands of** free ideas [*for* new toys].

• thousands of: 수천의

• for 이하는 free ideas를 꾸며 주는 전치사구

---

02 p.49 **1** ④   **2** (A) 건물 창문에 충돌하는 것 (B) 저녁 11시부터 오전 6시까지 불필요한 전등을 끄고, 치안을 위해 전등을 사용하는 경우 덮개를 씌워 덜 밝게 하는 것

본문해석

매년 봄과 가을, 미국 전역의 도시들은 밤에 불을 끈다. 그들이 단지 에너지를 절약하기 위해서 그렇게 할까? 그렇지 않다. 또 다른 이유가 있다. 이 기간 동안, 수십억 마리의 새가 전국을 가로질러 이동한다. 그들은 흔히 밤에 날아 별을 따라감으로써 자신의 길을 찾는다. 하지만 밝은 불빛이 그들을 혼란스럽게 한다. 어떤 새들은 길을 잃는 반면 다른 새들은 건물의 창문에 충돌하기도 한다. 매년 수백만 마리의 새가 이런 식으로 죽는다. 소등 캠페인은 이러한 새들을 돕기 위해 고안되었다. 사람들과 기업들은 오후 11시부터 오전 6시까지 모든 불필요한 전등을 끄도록 권장된다. 전등이 치안 목적으로 사용된다면 덜 밝게 만들기 위해 (덮개가) 씌워질 수도 있다. 이런 식으로 어두워지는 것은 새들을 보호할 뿐만 아니라 에너지도 절약한다.

문제해설

1 캠페인을 하는 동안 절약되는 전기의 양은 언급되지 않았다.

2 (A) 6행 참고

(B) 8~11행 참고

구문해설

2행 Do they do it just **to save** energy?

• to save: '~하기 위해'라는 의미의 목적을 나타내는 to부정사의 부사적 용법

6행 **Some** get lost, *while* **others** crash into the windows of buildings.

• some ~, others …: (여럿 중에서) 어떤 것들은 ~, 다른 것들은 …

• while: '~인 반면'의 의미로 쓰인 접속사

7행 Lights Out campaigns **are designed to help** these birds.

• be designed to-v: ~하기 위해 고안되다

8행 People and companies **are encouraged to turn off** all unnecessary lights *from* 11:00 p.m. *to* 6:00 a.m.

- be encouraged to-v: ～하도록 권장되다
- from A to B: A부터 B까지

10행 **If** lights are used for security purposes, they *can be covered* to make them less bright.

- if: '～한다면'의 의미로 조건절을 이끄는 접속사
- can be covered: 〈조동사 + be v-ed〉 형태의 조동사가 쓰인 수동태
- make + 목적어 + 목적격보어(less + 형용사): ～을 덜 …하게 만들다

11행 **Going dark this way** *not only* protects birds *but also* saves energy.

- Going dark this way : 문장의 주어 역할을 하는 동명사구로 단수 취급
- not only A but (also) B: 'A뿐만 아니라 B도'의 뜻으로 A와 B에는 같은 문법 형태가 옴 (= B as well as A)

---

03 p.50   **1** ④   **2** ⑤   **3** skill   **4** athlete, lazy, poor, scratches, thief

본문해석

소설 속 탐정인 Sherlock Holmes(셜록 홈스)는 어려운 문제들을 해결하는 것으로 유명하다. 만약 당신이 한 가지 중요한 기술을 사용한다면 당신도 Sherlock Holmes처럼 될 수 있는데, 그것은 바로 관찰이다. 그는 결론에 이르기 위해 작은 세부 사항들을 이용했다. 예를 들어, Holmes가 한번은 그리스어 시험 문제 도난 사건을 해결한 적이 있다. 세 명의 용의자가 있었다. 첫 번째 용의자는 육상 선수이자 훌륭한 학생이었다. 두 번째 용의자는 똑똑했지만 게을렀다. 세 번째 용의자는 열심히 공부했지만 그 과목을 잘하지 못했다. 범죄 현장에서 Holmes는 두 개의 단서를 발견했는데, (그 단서는) 긁힌 자국과 흙이었다. 이것들에 근거해 그는 (문제를 훔친) 도둑이 육상 선수라는 것을 알아차렸다. 육상 선수들은 스파이크가 박힌 운동화를 신는다. 그 스파이크가 긁힌 자국을 만들었고, 스파이크 사이에서 흙이 떨어져 나왔다! Holmes는 작은 것들에 주목함으로써 그 사건을 해결했다. 그러니 속도를 늦추고 당신 주변의 세상에 관심을 기울여라. 그렇게 한다면, 당신은 마치 Sherlock Holmes처럼 작지만 중요한 것들을 알아차릴 수 있을 것이다.

문제해설

1 ① 경청 ② 인내 ③ 혁신 ④ 관찰 ⑤ 상상력
▶ 주위의 작지만 중요한 것들에 관심을 기울이고 면밀히 관찰한다면 Sherlock Holmes처럼 될 수 있다는 내용의 글이 므로, 빈칸에 observation이 적절하다.

2 밑줄 친 them은 앞에 언급된 spikes를 가리킨다.

3 특정한 능력 혹은 일종의 능력: 기술

4

	누가 그리스어 시험 문제를 훔쳤을까?
용의자들	육상 선수인 훌륭한 학생
	똑똑하지만 게으른 학생
	(그리스어) 과목을 잘하지 못하는 근면한 학생
작은 세부 사항들	범죄 현장에 있는 긁힌 자국들과 흙
결론	Sherlock Holmes는 도둑이 육상 선수라는 것을 알아냈다.

구문해설

1행 **Sherlock Holmes, a fictional detective**, *is famous for* solving difficult problems.

- Sherlock Holmes와 a fictional detective는 동격 관계
- be famous for: ～으로 유명하다

3행 He used small details **to reach** conclusions.

- to reach: 목적을 나타내는 to부정사의 부사적 용법

5행   The first **one** was an athlete and an excellent student.
- one: 앞 문장의 명사 suspect를 대신하는 대명사

9행   **Based on** these, he realized *that* the thief was the athlete.
- based on: ~에 근거하여, ~에 기반하여
- that: 동사 realized의 목적어절의 이끄는 접속사

04 p.52   **1** ⑤   **2** ⑤   **3** (A) The first ketchup   (B) an American scientist
4 pickled, thin, local, Tomatoes, scientist, vinegar

본문해석

    케첩은 세계에서 가장 인기 있는 소스 중 하나가 되었다. 미국에서만 매년 수백만 톤의 케첩이 팔린다. 하지만 케첩은 미국의 발명품이 아니다. 최초의 케첩은 베트남에서 만들어졌고 원래는 절인 생선이 들어 있었다. 그것은 색이 어둡고 묽어서 간장과 비슷해 보였다. 베트남 상인들이 그 소스를 중국에 들여왔다고 여겨진다. 그곳에서 그것은 'keh-jup(케접)'이라고 불렸는데, 그것은 '생선 소스'를 의미한다. 후에, 18세기에 영국 상인들이 그것을 유럽으로 가지고 돌아갔다. 그들은 버섯, 굴, 멸치 그리고 호두를 포함한 현지 음식을 추가함으로써 그 소스를 자신들의 입맛에 맞췄다. 이 시점에서 그것은 여전히 현대의 케첩과 비슷하지 않았다. 그러나 1812년에 한 미국 과학자가 토마토를 케첩에 추가했다. 식품 회사들은 그의 조리법에 설탕과 식초를 추가했다. 마침내 그 소스는 오늘날 우리가 아는 케첩이 되었다.

문제해설

1   ① 최초의 케첩에는 무엇이 들어 있었는가?
    ② 케첩의 이름은 어디에서 유래했는가?
    ③ 최초의 케첩은 어떻게 유럽에 퍼졌는가?
    ④ 누가 케첩에 토마토를 처음으로 넣었는가?
    ⑤ 유럽인들은 케첩에 얼마나 많은 재료를 넣었는가?
    ▶ 영국 상인들이 현지 음식을 케첩에 추가했다고 했으나 얼마나 많은 재료를 넣었는지는 알 수 없다.

2   주어진 문장은 이 시점에서 그것이 여전히 현대의 케첩과 비슷하지 않았다는 내용이므로, 역접의 접속사 but으로 문장이 시작하고, 토마토, 설탕, 식초를 추가하면서 오늘날 우리가 아는 케첩이 되었다는 내용이 시작되는 ⑤에 오는 것이 적절하다.

3   (A) It은 앞 문장의 베트남에서 만든 The first ketchup을 가리킴
    (B) his는 처음으로 케첩에 토마토를 넣은 an American scientist를 가리킴

4
최초의 케첩에는 절인 생선이 들어 있었고, 색이 어둡고 묽었다.

▼

영국 상인들이 소스에 현지 음식을 넣었다.

▼

한 미국 과학자에 의해 토마토가 케첩에 추가되었다.

▼

현대의 케첩은 토마토, 설탕, 식초로 만들어진다.

구문해설

1행   Ketchup has become **one of the most popular sauces** in the world.
- one of the + 최상급 + 복수명사: 가장 ~한 … 중 하나

7행   It **looked similar** to soy sauce because it was dark and thin.
- look + 형용사: ~하게 보이다

8행 **It is believed that** Vietnamese traders *introduced* the sauce *to* China.
  가주어   진주어

  • It is believed that: ~라고 믿어진다[여겨진다]

  • introduce A to B: A를 B에 도입하다[소개하다]

9행 There, it **was called** "keh-jup," *which* means "fish sauce."

  • was called: 〈be동사 + v-ed〉 형태의 수동태

  • which 이하는 선행사 keh-jup을 부연 설명하는 계속적 용법의 주격 관계대명사절

10행 …, British merchants **brought it back** to Europe.

  • brought it back: 〈타동사 + 부사〉 형태의 동사구가 대명사를 목적어로 취할 때, 대명사는 동사와 부사 사이에 와야 함 (brought back it (×))

15행 Finally, the sauce became the ketchup [(**that**[**which**]) we recognize today].

  • that[which] 이하는 선행사 the ketchup을 꾸며 주는 목적격 관계대명사절로. that[which]이 생략됨

REVIEW TEST

p.54

A **1** trader **2** detail **3** local **4** encourage **5** share

  1 상인: 물건을 사고파는 사람   **2** 세부 사항: 어떤 것에 대한 많고 작은 사실 중 하나
  3 지역의, 현지의: 누군가가 살고 있는 특정한 지역과 관련된 **4** 권장하다, 장려하다: 누군가가 무언가를 할 것을 제안하다
  5 공유하다: 어떤 것을 다른 사람들과 갖거나 그들에게 당신의 생각을 말하다

B **1** ① **2** ② **3** ③

  1 나는 어젯밤에 그녀의 집에 <u>도착했다</u>.   **2** 우리는 미래를 위해 에너지를 <u>절약해야</u> 한다.
  3 이 수프는 매우 <u>묽다</u>.

C **1** vote for **2** turn off **3** crashed into

SECTION 6

01 p.58 **1** ③ **2** (1) gold (2) reed (3) paper

본문해석

  흔히 Marvin Stone(마빈 스톤)이 빨대를 발명했다고 하지만, 이는 사실이 아니다. 그는 단지 그것을 개선했을 뿐이다. 역사가들에 따르면, 고대 이집트인들은 맥주를 마시기 위해 빨대를 사용했다. 그들은 맥주에 떠다니는 물질을 마시는 것을 피하기 위해 그렇게 했다. (수백 년 동안 맥주는 세계에서 가장 인기 있는 음료 중 하나였다.) 바빌로니아 왕족도 이런

방법으로 맥주를 마시긴 했지만, 그들은 금으로 만든 빨대를 사용했다! 그리고 6천 년 된 문서에 따르면, 고대 수메르인들은 때때로 갈대로 만든 빨대를 사용해서 음료를 나누어 마셨다. 훨씬 뒤, 1888년에 Marvin Stone은 최초의 종이 빨대를 발명했다. 그는 연필 둘레에 종잇조각들을 싼 다음 그것들을 한데 붙였다. 이후에 그는 종이가 젖지 않게끔 왁스를 발라서 디자인을 개선했다. 이것이 오늘날 우리가 사용하는 빨대가 되었다.

문제해설

1 빨대의 기원에 대한 글에서 맥주가 수백 년간 인기가 있었다는 내용의 (c)는 글의 흐름과 관계가 없다.

2 (1) 6~7행 참고

   (2) 7~9행 참고

   (3) 9~11행 참고

구문해설

1행 **It is often said that** Marvin Stone invented the drinking straw, but that's not true.
   가주어   진주어
   • It is (often) said that: (흔히) ~라고 한다

3행 They **did so** *to avoid* drinking material [**floating** in the beer].
   • did so: 앞 문장의 used straws to drink beer를 가리킴
   • to avoid: '~하기 위해'라는 의미의 목적을 나타내는 to부정사의 부사적 용법
   • avoid는 동명사를 목적어로 취하는 동사
   • floating 이하는 material을 꾸며 주는 현재분사구

8행 ..., ancient Sumerians sometimes shared drinks **by using** straws [*made* of reed].
   • by + v-ing: ~함으로써
   • made 이하는 straws를 꾸며 주는 과거분사구

11행 He later improved his design by covering the paper in wax **so (that)** *it* wouldn't get wet.
   • so (that): '~하도록'이라는 의미로 목적을 나타내며, 완전한 절이 이어짐
   • it: 앞에 나온 the paper를 가리킴

12행 This became the straw [(**which**[**that**]) we use today].
   • which[that] 이하는 선행사 the straw를 꾸며 주는 목적격 관계대명사절로, which[that]가 생략됨

---

02 p.59   **1** ⑤   **2** 영혼이 날아서 그들의 고국으로 돌아간다.

본문해석

　　뉴올리언스에서 당신은 장례식 동안 행진하는 재즈 밴드가 즐거운 음악을 연주하는 것을 볼 수 있다. 이것은 이상하게 보일지 모르지만, 뉴올리언스의 아프리카계 미국인들은 장례식에서 종종 축하 행사를 갖는다. 이에는 그럴 만한 이유가 있다. 아프리카인들이 수백 년 전에 뉴올리언스로 건너오게 되었을 때, 그들은 노예로 일했으며 고된 삶을 살았다. 여가 시간에 그들은 자신의 감정을 표현하기 위해 음악을 이용했다. 그들은 죽으면 영혼이 날아서 그들의 고국으로 돌아갈 것이라고 믿었다. 다시 말해서, 죽음은 그들의 힘든 삶으로부터 그들을 자유롭게 해 주는 것이다. 그것이 사람들이 장례식에서 쾌활한 재즈 음악으로 축하하는 이유이다. 뉴올리언스에서 노예 제도는 사라졌지만, 사람들은 여전히 예전처럼 장례식에서 음악을 즐긴다.

문제해설

1 주어진 문장은 사람들이 장례식에서 재즈 음악으로 죽음을 축하한다는 내용이므로, 죽음은 힘든 삶으로부터 자유롭게 해 주는 것이라는 내용을 그 이유로 들고 있는 문장 뒤인 ⑤에 와야 적절하다.

2 7~8행 참고

1행 In New Orleans, you can **see marching jazz bands playing** joyful music *during* funerals.
- see(지각동사) + 목적어 + 목적격보어(v-ing[동사원형]): '~가 …하는 것을 보다'라는 뜻으로, 지각동사의 목적어와 목적격보어의 관계가 능동일 때, 목적격보어는 동사원형 또는 현재분사를 씀
- during: '~ 동안'이라는 의미의 전치사

2행 This **might** *seem strange*, but African Americans ....
- might: '~일지도 모른다'라는 뜻으로, 불확실한 추측을 나타내는 조동사
- seem + 형용사: ~하게 보이다, ~인 것 같다

4행 When Africans **were brought** to New Orleans ..., they worked *as* slaves and had hard lives.
- were brought: 〈be동사 + v-ed〉 형태의 수동태
- as: '~로(서)'라는 의미의 전치사

9행 **Though** slavery *has disappeared* from New Orleans, ...
- though: '비록 ~이지만'이라는 뜻의 양보의 부사절을 이끄는 접속사 (= although)
- has disappeared: '결과'를 나타내는 현재완료

---

03 p.60 **1** ⑤ **2** ④ **3** ③ **4** (1) 그의 정원에 감자를 심으라고 했다. (2) 감자를 지켜보라고 명령했다.

감자는 세계 주요 식량원들 중 하나이다. 하지만 16세기에 유럽인들은 그것을 좋아하지 않았다. 일부 유럽인들은 감자가 땅속에서 자라기 때문에 그것을 악마의 식물이라고 불렀다. 다른 사람들은 그 식물의 독이 있는 꽃을 무서워했다. (감자는 더운 날씨에 잘 자라는 것으로 보였다.) 게다가 사람들은 감자를 요리하는 방법을 몰라서 생감자를 먹었다. 이것은 그들에게 심한 복통을 일으켰다. 이러한 문제점들에도 불구하고, 프로이센의 왕인 Friedrich(프리드리히) 2세는 감자가 굶주린 백성들에게 큰 도움이 될 수 있다고 생각했다. 그래서 왕은 병사들에게 자신의 정원에 감자를 심으라고 시켰다. 그러고 나서 그는 병사들에게 그것들을 지켜보라고 명령했다. 이는 사람들이 감자가 귀중하다고 생각하게 만들었다. 그래서 사람들은 직접 감자를 재배하기 시작했고, 심지어 그것을 시장에서 팔았다. 곧, 감자는 유럽 전역에서 인기를 얻었다. 그렇게 Friedrich 2세는 '감자 왕'이라는 별명을 얻게 되었다.

1 ① 왜 유럽인들은 감자를 싫어하는가 ② 어떻게 감자가 악마의 음식이 되었는가
③ 어떻게 감자를 제대로 재배하는가 ④ 왜 왕족들은 감자를 보호했는가
⑤ 어떻게 감자가 유럽 전역에서 흔해졌는가
▶ Friedrich 2세의 노력으로 사람들이 감자를 재배하기 시작했고, 곧 감자가 유럽 전역에서 인기를 얻게 되었다는 내용의 글이다.
2 Friedrich 2세가 감자를 즐겨 먹었다는 언급은 없다.
3 유럽인들이 감자를 좋아하지 않은 이유가 나열되고 있는데, 감자가 더운 날씨에 잘 자라는 것 같았다는 내용의 (c)는 글의 흐름과 관계가 없다.
4 9~11행 참고

2행 Some Europeans **called the potato the devil's plant** because it grows underground.
- call + 목적어 + 목적격보어(명사): ~을 …라고 부르다

5행 In addition, people ate raw potatoes because they did not know **how to cook** them.
- how + to-v: '~하는 방법'이라는 뜻으로, 〈의문사 + to-v〉 형태로 쓰인 to부정사의 명사적 용법

7행 **Despite** these problems, *Friedrich II*, *King of Prussia*, thought (that) potatoes could be a big help to his hungry people.

 • despite: '~에도 불구하고'라는 뜻의 전치사
 • Friedrich II와 King of Prussia는 동격 관계
 • 동사 thought의 목적어절을 이끄는 접속사 that 생략

9행 So the king **told his soldiers to plant** potatoes in his garden.

 • tell + 목적어 + 목적격보어(to-v): ~가 …하도록 시키다[말하다]

10행 Then he **ordered the soldiers to watch** over them.

 • order + 목적어 + 목적격보어(to-v): ~가 …하도록 명령하다

12행 So people ┌ **started** growing potatoes *themselves*
      [and]
      └ even **sold** them in markets.

 • started와 sold는 and로 연결된 병렬 관계
 • themselves: '(그들) 스스로, 직접'이라는 뜻으로 주어 people을 강조하는 재귀대명사

---

04 p.62   **1** ⑤   **2** ③   **3** 잎이 없어서 나뭇가지가 뿌리처럼 보이기 때문에
4 strongest, power, planted, first, flowers, replanted

본문해석

 바오밥 나무는 아프리카와 호주에서 발견되는 이상하게 생긴 나무이다. 그 나무는 9살이 되어서야 비로소 잎사귀를 갖게 된다. 잎이 없어서, 그 나무의 나뭇가지는 뿌리처럼 보인다. 그래서 바오밥 나무는 '거꾸로 뒤집힌 나무'라는 별명으로 알려져 있다. 심지어 이 이상하게 생긴 나무에 관한 전설들도 있다. 한 전설에 따르면 신은 바오밥 나무를 세상에서 가장 강한 나무로 창조했다. 바오밥 나무는 그 사실을 알고 있었기 때문에 매우 거만했다. 그 나무는 사방을 돌아다니며 자신이 얼마나 위대한지를 모두에게 보여 주려고 했다. 이는 신을 화나게 했고, 신은 바오밥 나무를 땅에서 뽑아내어 거꾸로 심어 버렸다.

 또 다른 전설에 따르면 바오밥 나무는 이 세상 최초의 나무였다. 바오밥 나무가 창조된 이후 종려나무, 불꽃나무 그리고 무화과나무가 창조되었다. 다른 나무들은 각각 바오밥 나무에는 없는 것을 갖고 있었고, 그래서 바오밥 나무는 그 나무들을 부러워했다. 바오밥 나무는 종려나무의 키와, 불꽃나무의 아름다운 꽃과, 무화과나무의 열매를 갖길 원했고, 그래서 신에게 그 모든 것을 갖게 해 달라고 청했다. 신은 화가 나서 바오밥 나무를 뽑아낸 다음, 그것을 벌주기 위해 다시 거꾸로 심어버렸다.

문제해설

1 두 전설 모두 바오밥 나무가 upside-down tree(거꾸로 뒤집힌 나무)처럼 보이게 된 이유를 설명하고 있다.

2 동사 show의 직접목적어로 쓰인 간접의문문이므로, 〈의문사 + 주어 + 동사〉 어순을 따라 how great it was로 써야 한다.

3 3행 참고

4

첫 번째 전설	• 바오밥은 지구상에서 가장 강한 나무였다. • 그것은 힘을 과시하려고 모든 곳을 돌아다녔다. • 그래서 신은 화가 나서 그것을 거꾸로 심었다.
두 번째 전설	• 바오밥은 세계 최초의 나무였다. • 그것은 종려나무의 키, 불꽃나무의 꽃, 무화과나무의 열매를 신에게 요청했다. • 신은 화가 나서 그것을 거꾸로 다시 심었다.

1행 The baobab tree is a strange-looking tree [**found** in Africa and Australia].

• found 이하는 a strange-looking tree를 꾸며 주는 과거분사구

2행 It does**n't** have leaves **until** it is nine years old.

• not ~ until ...: …가 될 때까지 ~하지 않다, …가 되어서야 비로소 ~하다

7행 It tried to show everyone how great it was **by moving** all around.
　　　　　　　동사　　간접목적어　　직접목적어

• by + v-ing: ~함으로써

8행 **This** *made God upset*, so God took the baobab out of the ground ....

• This: 앞 문장 내용 전체를 가리킴

• make + 목적어 + 목적격보어(형용사): ~을 …하게 만들다

• take A out of B: A를 B로부터 빼내다

13행 The other trees each had something [(**that**) the baobab didn't have], ...

• that이 이끄는 [ ]는 선행사 something을 꾸며 주는 목적격 관계대명사절로, that이 생략됨

REVIEW TEST

p.64

A　1 float　2 legend　3 funeral　4 proud　5 punish

1 (물 위에) 뜨다: 액체 맨 위에 가라앉지 않고 머무르다　2 전설: 사람이나 사건에 대한 오래된 이야기
3 장례식: 누군가 죽고 난 후 열리는 의식　　　　　4 거만한: 다른 사람들보다 당신이 더 낫거나 중요하다고 느끼는
5 처벌하다, 벌주다: 누군가 잘못을 저질러서 그 사람을 고통스럽게 하다

B　1 ③　2 ①　3 ①

1 아이들은 대개 생야채를 좋아하지 않는다.　　　　2 그 소식을 들었을 때 우리는 기뻤다.
3 그가 안으로 들어왔을 때 그의 코트는 젖어 있었다.

C　1 is scared of　2 pulled up　3 watching over

SECTION ⑦

01 p.68　1 ③　2 (1) 걸을 때 발을 땅에 내딛는 힘 (2) 신발 끈 끝부분의 흔들림

먼저 당신은 신발을 신는다. 그러고 나서 신발 끈을 꽉 묶는다. 그러나 한 시간 후에 신발 끈은 풀려 있다. 왜 이런 일이 일어날까? 그것은 최근까지 미스터리였다. 연구자들은 러닝머신에서 달리고 있는 사람의 신발 끈을 촬영하기 위해 고속 카메라를 사용했다. 오랜 시간 동안 신발 끈은 꽉 묶인 채로 있었다. 그런 다음 갑자기 신발 끈이 풀렸다! 연구자들에 따르면, 이에 대한 두 가지 이유가 있다. 첫 번째 이유는 사람이 걸을 때 발이 땅에 부딪히는 힘이다. 이 충격은 신발 끈의 매듭이 늘어나서 느슨해지게 한다. (신발 끈이 풀리는 것을 막는 몇 가지 방법이 있다.) 두 번째 이유는 신발 끈 끝부분의 흔들림이다. 그것들이 흔들리면서, 매듭을 잡아당겨 천천히 그것을 풀리게 한다.

문제해설

1 신발 끈을 풀리게 하는 두 가지 이유가 무엇인지 설명하는 글에서 신발 끈이 풀리는 것을 막는 방법이 있다는 내용의 (c)는 글의 흐름과 관계가 없다.

2 (1) 7~8행 참고
(2) 10~11행 참고

구문해설

3행 Researchers used a high-speed camera **to film** the shoelaces of a person [*running* on a treadmill].
• to film: '~하기 위해'라는 의미의 목적을 나타내는 to부정사의 부사적 용법
• running 이하는 a person을 꾸며 주는 현재분사구

5행 For a long time, the shoelaces **stayed** tightly **tied**.
• stay + 형용사: ~한 상태로 있다

8행 This impact **causes the knots** [*in* the shoelaces] **to stretch** and (**to**) **loosen**.
• cause + 목적어 + 목적격보어(to-v): ~가 …하도록 야기하다
• in이 이끄는 [ ]는 the knots를 꾸며 주는 전치사구

9행 There are a few ways [**to *prevent*** *the shoelaces from untying*].
• to prevent: a few ways를 꾸며 주는 to부정사의 형용사적 용법
• prevent + 목적어 + from + v-ing: ~가 …하는 것을 막다[방지하다]

11행 **As** they shake, they pull on the knot, slowly *untying it*.
• as: '~하면서, ~할수록'이라는 뜻의 접속사
• untying it은 연속동작을 나타내는 분사구문

---

02 p.69   **1** ④   **2** the gravitational forces of Jupiter and the other moons

본문해석

목성은 거의 100개의 위성을 가지고 있다. 흥미롭게도, 이 위성 중 하나는 표면에 많은 화산을 가지고 있다! 그것은 Io(이오)라고 불리며, 목성의 세 번째로 큰 위성이다. 그것은 두 개의 더 큰 위성보다 더 가까이 목성의 궤도를 돌고 있다. 결과적으로, 목성과 다른 위성의 중력은 Io를 정반대 방향으로 끌어당긴다. 이것은 Io 내부에 열을 만들어 내어 그 안에 있는 암석을 녹인다. 암석이 녹으면 그것은 화산 폭발을 일으킨다. 시간이 지남에 따라, 이 과정은 Io에 점점 더 많은 화산을 만들어 왔다. 사실, 현재 (그곳에) 수백 개의 화산이 있다. 그리고 그들 중 일부는 에베레스트산보다 더 크다!

문제해설

1 목성과 다른 위성의 중력에 의한 화산 폭발은 점점 더 많은 화산을 만들어 내고 있다고 했다.

2 Io를 정반대 방향으로 잡아당기는 것은 무엇인가?

4~5행 참고

구문해설

3행 　It **is called Io**, and it's Jupiter's *third largest* moon.
　　　　• be called + 명사: ~라고 불리다
　　　　• 서수사 + 최상급: ~ 번째로 가장 …한

3행 　It orbits the planet **closer than** the two larger moons.
　　　　• 형용사의 비교급 + than: ~보다 더 …한

6행 　This ┌ **creates** heat inside Io
　　　　　└ **melts** the rock inside *it*.
　　　　• 동사 creates와 melts는 and로 연결된 병렬 관계
　　　　• it: Io를 가리킴

7행 　Over time, this process **has created** *more and more* volcanoes on Io.
　　　　• has created: '계속'의 의미를 나타내는 현재완료
　　　　• more and more: 점점 더 많은

---

03 p.70　**1** (1) snake bites　(2) bee stings　(3) hot water burns　**2** ⑤　**3** apply
4 상처 부위를 붓지 않게 하고 고통을 줄이기 위해

본문해석

누군가가 다쳤을 때 어떻게 해야 하는지를 아는 것은 큰 도움이 될 수 있다. 여기 가능한 상황들에 대한 몇 가지 조언이 있다.

온수 화상: 화상이 심하다면, 그 사람을 병원에 데리고 가야 한다. 화상 부위가 작다면, 화상 부위 위로 찬물을 흐르게 하고 깨끗한 천으로 감싸도록 한다. 이것은 공기로부터 화상 부위를 보호하여 그것을 덜 아프게 한다. 피부에 추가적인 손상을 야기할 수 있으므로 그 위에 어떤 오일이나 크림도 사용하지 마라.

뱀에게 물림: 먼저 더 물리는 것을 피하기 위해 그 사람을 뱀으로부터 떨어뜨려 놓는다. 그 후, 환자는 몸을 가만히 두어야 한다. 이것은 독이 퍼지는 것을 늦출 것이다. 환자는 반드시 침착함을 유지하도록 한다. 공황 상태는 심박동수를 증가하게 할 수 있다. 이는 또한 독이 퍼지는 속도를 빠르게 한다.

벌에게 쏘임: 누군가 벌에게 쏘이면, 바로 벌침을 제거해야 한다. 그다음에 상처 부위를 비누와 물로 씻고, 그러고 나서 부기와 고통을 줄이기 위해 얼음을 댄다. 그 사람이 숨 쉬기 어려워하면, 즉시 의사에게 데리고 가라.

문제해설

1　(1) 10~12행 참고
　(2) 15~17행 참고
　(3) 4~6행 참고

2　6~8행 참고

3　표면에 (어떤) 물질을 두다: (물건을) 대다

4　왜 벌에 쏘인 곳에 얼음을 대야 하는가?

　▶ 18행 참고

1행 Knowing **what to do** when someone gets hurt can be very helpful.
　　　　　　주어(동명사구)　　　　　　　　　　　　　　동사
　　• what to-v: '무엇을 ~ 할지'라는 뜻으로, 〈의문사 + to-v〉 형태인 to부정사의 명사적 용법

4행 **If** it is small, ┌ *run* cold water over the burn
　　　　　　　　　　│ and │
　　　　　　　　　　└ *cover* it with a clean cloth.
　　• if: '~한다면'의 의미로 조건절을 이끄는 접속사
　　• 동사 run과 cover는 and로 연결된 병렬 관계로, 명령문을 이루고 있음
　　• cover A with B: A를 B로 덮다[싸다]

9행 First, **get** the person **away from** the snake *to avoid* additional bites.
　　• get A away from B: A를 B에게서 떨어뜨리다
　　• to avoid: 목적을 나타내는 to부정사의 부사적 용법

10행 After **that**, they should *keep their body* very *still*.
　　• that: 앞 문장 전체를 가리키는 대명사
　　• keep + 목적어 + 목적격보어(형용사): ~을 …한 상태로 유지하다

---

04 p.72　　**1** ④　　**2** ③　　**3** (스마트) 기기의 사용을 잠시 쉬는 것
4 missing out, check, social, time, energy

　　FOMO(포모)는 '(참석하지 않아서) 놓치는 것에 대한 두려움'을 의미한다. 그것은 당신이 사교 모임에서 소외되는 것과 같은 불안감을 말한다. 이것은 FOMO를 겪는 사람들이 끊임없이 자신의 전화기를 확인하게 한다. 그들은 또한 자신의 삶을 소셜 미디어상의 또래들의 삶과 비교한다.
　　그에 반해서 JOMO(조모)는 '소외되는 것에 대한 즐거움'을 의미한다. 그것은 사교적인 활동에 참여하는 대신에 혼자서 시간을 보내는 즐거움을 말한다. JOMO를 겪는 사람들은 자신에게 집중해서 자신의 삶에 더 만족한다. 또한 그들은 자신이 실제로 좋아하는 사람들하고만 관계를 맺는 경향이 있다. 그 결과, 그들은 자신의 시간과 에너지를 더 효율적으로 사용한다.
　　당신은 FOMO로 고생하고 있는가? JOMO가 그 답이 될 수 있다. 당신은 '아니오'라고 말함으로써 (JOMO를) 시작할 수 있다. 당신이 모든 사교 모임에 참석할 필요는 없다. 또한 디지털 디톡스를 시도해 볼 수 있다. 이것은 당신이 (스마트) 기기로부터 잠시 쉬는 것을 포함한다. 만약 성공한다면, 당신은 자신의 삶에 더 집중할 수 있을 것이다.

1　'소외되는 것에 대한 두려움'을 의미하는 FOMO에 대한 해결책으로 자신의 삶에 집중해서 만족을 얻는 JOMO를 소개하는 글이다.
2　FOMO를 겪는 사람들은 끊임없이 전화기를 확인하고 소셜 미디어에서 자신의 삶을 또래들의 삶과 비교한다고 했으므로, FOMO를 겪고 있는 사람은 영민이와 민호이다.
3　14~15행 참고
4

	의미	행동
FOMO	어떤 것을 놓치는 것에 대해 걱정하는	당신의 전화기를 자주 확인한다
JOMO	사교 모임에 참여하지 않는 것에 대해 행복하는	자기 자신을 위해 시간과 에너지를 사용한다

3행 They also **compare** their own lives **to** the *ones* of their peers on social media.
- compare A to B: A를 B와 비교하다
- ones: 앞에 언급된 lives를 가리키는 대명사

9행 Also, they **tend to have** relationships only with people [(*whom*[*that*]) they actually like].
- tend + to-v: ~하는 경향이 있다
- whom[that] 이하는 선행사 people을 꾸며 주는 목적격 관계대명사절로, whom[that]이 생략됨

13행 You **don't need to attend** every social event.
- don't need to + 동사원형: ~할 필요가 없다

REVIEW TEST
p.74

A

1 additional **2** mystery **3** shake **4** protect **5** planet

1 추가의: 예상보다 추가되거나 더 많은
2 미스터리, 난제: 알 수 없거나 설명하기 어려운 어떤 것
3 흔들리다: 좌우나 위아래로 움직이다
4 보호하다, 막다: 해로운 것으로부터 누군가나 어떤 것을 지키다
5 행성: 우주에서 별 주위를 맴도는 크고 둥근 물체

B

1 ⑤ **2** ② **3** ⑤

1 당신은 눈이 올 때 속력을 <u>줄여야</u> 한다.   **2** 그 금속은 강력한 자성의 <u>힘</u>에 의해 당겨졌다.
3 내 신발 끈이 <u>풀렸다</u>.

C

1 focus on **2** put on **3** stands for

SECTION 8

01 p.78   **1** ④   **2** (1) 겨울에도 신선한 채소를 구입할 수 있다. (2) 먼 곳에서 채소를 운송해 오지 않아도 되므로 돈을 절약할 수 있다.

　　모두가 신선한 채소를 좋아한다. 그리고 당신이 직접 그것을 딸 때 가장 맛이 좋다. 그러나 당신이 자신의 정원을 갖고 있지 않다면 어떨까? 만약 당신이 베를린에 살고 있다면 문제가 되지 않는다! Metro(메트로) 슈퍼마켓 안에 채소 정원이 있기 때문이다. 그 정원은 슈퍼마켓의 냉장고처럼 생겼다. 그 안에는 식물들이 흙 대신 물속에서 자란다. (이 흙은 식물들

이 자라도록 돕는다.) 식물들은 물에서 산소와 비료를 얻고 램프로부터 빛을 얻는다. 쇼핑객들은 심지어 겨울에도 신선한 채소를 살 수 있기 때문에 그 정원을 좋아한다. 그리고 슈퍼마켓은 먼 곳에서 채소를 운송해 오지 않아도 되기 때문에 돈을 절약한다. 그것은 정말 좋은 아이디어이다!

문제해설

1. 슈퍼마켓이 어떻게 수경 재배로 채소를 판매하는지 설명하는 글에서 흙이 식물을 자라도록 돕는다는 내용의 (d)는 글의 흐름과 관계가 없다.
2. (1) 8~9행 참고
   (2) 9~12행 참고

구문해설

2행 　But **what if** you don't have your own garden?
　　　• what if ~?: (만약) ~라면 어떻게 될까? (= what would happen if ~?)

3행 　**That's because** there is a vegetable garden inside the Metro supermarket.
　　　• That's because ~: 그것은 ~이기 때문이다

6행 　The soil **helps the plants grow**.
　　　• help + 목적어 + 목적격보어(동사원형[to-v]): ~가 …하는 것을 돕다

10행 　... because it **doesn't have to transport** vegetables from far away.
　　　• don't have to-v: ~할 필요가 없다

---

02 p.79　1 ①　2 ②

본문해석

　　　역사를 통틀어 많은 문화권에서 화장품을 사용해 왔다. 그러나 어떤 화장품은 위험하거나 생명에 치명적이기까지 했다! 많은 화장품에 납이 들어 있곤 했는데, 그것에는 독성이 있다. 고대 그리스에서는 여자들이 매우 창백한 피부를 갖는 것이 유행했다. 이것을 이루기 위해 그들은 납, 달걀흰자, 왁스로 만들어진 파우더를 사용했다. 그것을 자주 사용한 후에 많은 여성들이 두통, 복통, 현기증과 같은 심각한 부작용에 시달렸다. 심지어 어떤 사람들은 죽기도 했다. 또 다른 위험한 (화장품) 재료는 독성 식물인 벨라도나였다. 르네상스 시대에 유럽 여성들은 동공을 더 크게 만들기 위해 이 식물로부터 나온 즙을 사용했다. 벨라도나의 잦은 사용은 나쁜 시력과 때로는 실명으로 이어졌다. 다행히 오늘날 화장품은 훨씬 더 안전하다.

문제해설

1. 과거의 화장품에 포함된 유독 성분으로 인한 부작용에 대한 글이다.
2. 주어진 문장은 피부를 창백하게 하기 위해, 납, 달걀흰자, 왁스가 포함된 화장품을 사용했다는 내용이므로, 고대 그리스 때 창백한 피부가 유행했다는 내용과 납 등이 포함된 화장품 사용 후에 부작용에 시달렸다는 내용 사이인 ②에 들어가는 것이 적절하다.

구문해설

2행 　Many cosmetics **used to contain** lead, *which* is poisonous.
　　　• used to-v: '~하곤 했다'라는 의미로 과거의 습관이나 상태를 나타냄
　　　• which 이하는 선행사 lead를 부연 설명하는 계속적 용법의 주격 관계대명사절

3행 　In ancient Greece, it was fashionable for women to have very pale skin.
　　　　　　　　　　　가주어　　　　　　　to부정사의 의미상 주어　　　진주어

7행 　Another dangerous ingredient was **belladonna, a poisonous plant**.
　　　　　　　　　　　　　　　　　　　　　　└─────＝─────┘
　　　• belladonna와 a poisonous plant는 동격 관계

30

8행 European women used the juice from this plant **to *make*** *their pupils bigger* ....

- to make: '~하기 위해'라는 의미의 목적을 나타내는 to부정사의 부사적 용법
- make + 목적어 + 목적격보어(형용사의 비교급): ~을 더 …하게 만들다

---

03 p.80　　**1** ④　　**2** (1) F (2) T (3) T　　**3** (몇 권의) 책을 읽고 다큐멘터리를 본 후 환경 문제의 심각성을 깨달아서
4 environmental, catch, garbage, realize

본문해석

　　　Robin Greenfield(로빈 그린필드)는 환경 운동가이다. 한때 그는 사람들의 관심을 얻기 위해서 특별한 전략을 이용했다. 한 달 동안 진짜 쓰레기를 입은 것이다! 그는 사람들이 날마다 얼마나 많은 쓰레기를 만들어 내는지 보여 주기 위해 이런 일을 했다. Greenfield가 항상 (환경) 운동가였던 것은 아니었다. (과거에) 그는 항상 돈을 버는 데 집중했었다. 하지만 몇 권의 책을 읽고 다큐멘터리를 보고 난 후 환경 문제의 심각성을 깨달았다. 그는 대부분의 사람들이 자신이 얼마나 많은 쓰레기를 만들어 내는지 모르기 때문에 쓰레기를 입기로 결심했다. 그는 비닐봉지로 옷을 만들고 나서 한 달 동안 자신이 만들어 낸 모든 쓰레기 조각을 넣었다. 그는 사람들이 자신을 본 후 그들이 만들어 내는 쓰레기에 대해 생각하기를 바랐다. Greenfield에 따르면, 사람들이 작은 변화를 만들기만 하면 큰 차이를 가져올 수 있다.

문제해설

1　① 어떻게 쓰레기를 재활용하는가　　　② 쓰레기를 줄이는 최고의 방법
　③ 쓰레기로 옷을 만들 수 있는가?　　④ 어느 환경 운동가의 독특한 발상
　⑤ 환경 운동가들의 역사
　▶ 사람들에게 환경 문제에 대한 경각심을 일으키기 위해 자신이 만들어 낸 쓰레기로 옷을 만들어 입은 남자를 소개하는 글이다.

2　(1) 환경 운동가가 되기 전에는 돈을 버는 것에 관심이 많았다.

3　5~7행 참고

4
> Robin Greenfield는 환경 운동가로 활동한다. 한때 그는 사람들의 관심을 끌기 위해 비닐봉지로 만들어진 옷을 입었다. 그 비닐봉지는 쓰레기로 가득 차 있었다. 그는 사람들로 하여금 그들이 얼마나 많은 쓰레기를 만들어 내는지 깨닫게 하려고 이 일을 했다.

구문해설

3행　He did this **to show** *how much waste* people produce every day.
- to show: 목적을 나타내는 to부정사의 부사적 용법
- how much waste 이하는 〈의문사 + 주어 + 동사〉 어순의 간접의문문으로 show의 목적어로 쓰임

4행　Greenfield was**n't always** an activist.
- not always: 항상 ~인 것은 아니다 (부분 부정)

4행　He **used to** always **be** focused on making money.
- used to-v: '~이었다'라는 의미로 과거의 상태나 습관을 나타냄

9행　... and then added every piece of trash [**that** he produced] for a month.
- that이 이끄는 [ ]는 선행사 every piece of trash를 꾸며 주는 목적격 관계대명사절

10행　He hoped **that** people would think about the waste [(*which*[*that*]) they produce] after seeing him.
- that: 동사 hoped의 목적어절을 이끄는 접속사
- which[that] 이하는 선행사 the waste를 꾸며 주는 목적격 관계대명사절로, which[that]가 생략됨
- seeing은 전치사 after의 목적어로 쓰인 동명사

1 ② **2** ② **3** (1) T (2) F (3) T **4** 실제 사람의 이름 혹은 그들이 좋아하지 않는 유명인들의 이름을 따서 지었다.

본문해석

1800년대 후반까지, 태풍에 이름이 부여되지 않았다. 일기 예보관들은 각각의 태풍을 그냥 '태풍'이라고 불렀다. 한 나라에 두 개의 태풍이 동시에 오면, 사람들은 혼란스러워했다. 그들은 예보관들이 어떤 태풍에 대해 말하고 있는지 알지 못했다. 그래서 일기 예보관들은 각각의 태풍에 이름을 붙여야 했다. 처음에 그들은 실제 사람의 이름을 따서 태풍의 이름을 지었다. 때때로 그들은 자신이 좋아하지 않는 유명인들의 이름을 따서 태풍의 이름을 지었다. 이런 식으로, 그들은 "Ellen이 태평양 주위를 떠돌아다니고 있습니다."라거나 "David는 점점 더 약해지고 있습니다."와 같이 말할 수 있었다. 오늘날, 태풍은 사람, 꽃, 동물, 그리고 다른 많은 것들의 이름을 따서 지어진다. (매해 여름마다 주요 태풍들이 있다.) 태평양 혹은 그 근처에 위치한 몇몇 나라들은 태풍에 붙일 140개의 이름 목록을 만들었다. 그 이름들은 하나씩 차례로 쓰인다. 그 이름들이 모두 사용된 후에, 일기 예보관들은 첫 번째 이름으로 되돌아간다. 만약 어떤 태풍이 많은 피해를 초래하면 그 이름은 다시 사용되지 않는다. 대신 그들은 새 이름을 선정한다.

문제해설

1 ① 다양한 종류의 태풍　　② 태풍 이름 짓기의 역사
　③ 일기 예보의 어려움　　④ 역사상 가장 끔찍한 태풍
　⑤ 유명인의 이름을 따서 명명된 태풍들
　▶ 과거 일기 예보관들이 어떻게 태풍 이름을 지었는지와 오늘날 태풍의 이름을 짓는 방식에 대해 이야기하고 있다.

2 매해 여름마다 주요한 태풍이 있다는 내용은 태풍의 이름을 짓는 방법을 설명하는 글의 흐름과 관계가 없다.

3 (2) 태풍 목록에 있는 이름이 다 사용되면, 첫 번째 이름으로 다시 돌아간다.

4 ┌─────────────────────────────┐
　│ 예보관들은 원래 어떻게 태풍의 이름을 지었는가? │
　└─────────────────────────────┘

　▶ 6~8행 참고

구문해설

1행 Until the late 1800s, typhoons **were not given** names.
　• were not given: 〈be동사 + not + v-ed〉 형태의 수동태 부정형

2행 Weather forecasters just **called each one "a typhoon."**
　• call + 목적어 + 목적격보어(명사): ~을 …라고 부르다

4행 They didn't know **which typhoon** the forecasters were talking about.
　• which typhoon 이하는 〈의문사 + 주어 + 동사〉 어순의 간접의문으로 know의 목적어로 쓰임

7행 Sometimes, they **named** them **after** famous people [(*whom*[*that*]) they didn't like].
　• name A after B: B의 이름을 따서 A의 이름을 짓다
　• whom[that] 이하는 선행사 famous people을 꾸며 주는 목적격 관계대명사절

9행 "David is becoming **weaker and weaker**."
　• 비교급 + and + 비교급: 점점 더 ~한[하게]

REVIEW TEST
p.84

A　**1** strategy **2** major **3** wander **4** transport **5** oxygen

1 전략: 목표를 달성하기 위한 계획 **2** 주요한, 중대한: 크기, 중요성 또는 정도가 큰

3 헤매다, 떠돌아다니다: 특정한 목적지 없이 돌아다니다 **4** 운송하다: 한 곳에서 다른 곳으로 사람이나 물건을 나르다

5 산소: 사람과 동물이 살기 위해 숨 쉬는 데 필요한 가스

B   **1** ② **2** ⑤ **3** ⑤

1 Julie는 큰 집에 혼자 산다. **2** 우리는 우리가 만들어 내는 쓰레기의 양을 줄여야 한다.

3 땅콩은 알레르기가 있는 사람에게 치명적일 수 있다.

C   **1** get their attention **2** lead to **3** suffer from

SECTION ⑨

01 p.88 **1** ① **2** ②

본문해석

물고기는 냄새를 맡을 수 있을까? 대답은 '그렇다'이다. 물고기는 머리에 있는 두 개 또는 네 개의 구멍을 통해 냄새를 맡을 수 있다. 콧구멍이라 불리는 이 구멍은 우리의 코가 하는 것과 거의 같은 방식으로 기능한다. 사실 어떤 물고기들은 인간의 후각보다 500배나 더 강력한 후각을 가지고 있다! 이 강력한 후각은 물고기가 음식의 위치를 찾고, 위험을 감지하거나, 혹은 집으로 가는 길을 찾는 데 도움을 준다. 물고기는 물속의 매우 희미한 냄새까지도 알아챌 수 있다. 예를 들어, 상어는 엄청난 양의 바닷물 속에 단 한 방울의 피가 있더라도, 멀리서 피 냄새를 맡을 수 있다. 후각은 물고기의 가장 중요한 능력 중 하나이다.

문제해설

1 ① 물고기는 냄새를 맡을 수 있다 ② 물고기를 끌어들이는 냄새

③ 상어의 놀라운 후각 ④ 물고기의 놀라운 생존 능력

⑤ 왜 물고기는 머리에 구멍이 있는가

▶ 물고기의 뛰어난 후각에 대한 글이다.

2 ① 운 좋게도 ② 예를 들어 ③ 그러나 ④ 게다가 ⑤ 마지막으로

▶ 희미한 냄새도 알아챌 수 있는 물고기의 뛰어난 후각을 언급한 다음 상어를 예로 들고 있으므로, 빈칸에는 For example이 적절하다.

구문해설

2행 These openings, [**called** nares], act much *in the same way as* our noses do.
　　　　　　　　　주어　　　　　　　　　동사

• called가 이끄는 [ ]는 These openings를 꾸며 주는 과거분사구로, 문장 중간에 삽입됨

• in the same way as ~: ~와 같은 방식으로

• do: act를 대신하는 대동사

3행 ..., some fish have a sense of smell [**that** is *500 times more powerful than* a human's]!

- that 이하는 선행사 a sense of smell을 꾸며 주는 주격 관계대명사절
- 배수사 + 형용사의 비교급 + than: ~보다 …배나 더 ~한

5행 This strong sense of smell **helps fish** ┌ **locate** food,
⎢ **sense** danger,
⎢ or
└ **find** *their way home.*

- help + 목적어 + 목적격보어(동사원형[to-v]): '~가 …하는 것을 돕다'의 의미이며, 목적격보어로 쓰인 동사원형 locate, sense, find는 or로 연결된 병렬 관계
- one's way home: '~의 집으로 가는 길'의 뜻으로, home 앞에 전치사 to를 쓰지 않음

9행 The sense of smell is **one of a fish's most important abilities**.

- one of + 최상급 + 복수명사: 가장 ~한 … 중 하나

---

02 p.89   **1** ⑤   **2** 표지판 속 상징이 너무 정적이고 이러한 점은 장애인들이 활동적이지 않다는 고정 관념을 강화할 수 있다고 여겼다.

본문해석

당신이 바꾸고 싶은 표지판이 있는가? 보스턴에서 한 예술가와 대학 교수는 장애인을 위한 주차장을 나타내는 표지판을 바꾸기로 결심했다. 그들은 오래된 표지판 속 상징이 너무 정적이라고 생각했다. 그들은 그것이 장애인들이 활동적이지 않다는 고정 관념을 강화할 수 있다고 여겼다. 그들은 사람들이 휠체어를 단순히 장애인을 돕는 도구라고 여기길 바랐다. 그래서 그들은 움직이는 휠체어를 탄 사람을 특징으로 하는 새로운 디자인을 만들어 냈다. 그런 후 그들은 보스턴 전역에 새로운 디자인으로 된 스티커를 붙이기 시작했다. 곧 뉴욕과 하트퍼드 같은 도시에서 공식적으로 이 이미지를 채택했다. 이런 도시들은 이 표지판이 장애인에 대한 사람들의 인식을 변화시키길 바랐다. 어떤 도시가 그 다음이 될 것인가?

문제해설

1 ① 어떻게 좋은 표지판을 만드는가   ② 흥미로운 표지판의 예시
③ 표지판을 만드는 사람들   ④ 표지판을 바꾸는 이유
⑤ 바뀌는 표지판, 변화하는 인식
▶ 기존의 장애인 표지판을 새롭게 바꿈으로써 장애인에 대한 사람들의 인식을 변화시키려 한 두 사람의 노력에 대한 글이다.

2 4~6행 참고

구문해설

1행 Are there any signs [**that** you would like to change]?

- that 이하는 선행사 any signs를 꾸며 주는 목적격 관계대명사절

1행 In Boston, an artist and a college professor **decided to change** ....

- decide + to-v: ~하기로 결심하다

4행 They believed **that** it could strengthen the stereotype *that* people with disabilities are not active.

- 첫 번째 that은 동사 believed의 목적어절을 이끄는 접속사
- 두 번째 that은 명사절을 이끄는 접속사로, the stereotype과 동격

6행 They wanted people to **view** wheelchairs simply **as** <u>tools</u> [*that* help people with disabilities].

　　• view A as B: A를 B로 여기다[생각하다]

　　• that 이하는 선행사 tools를 꾸며 주는 주격 관계대명사절

---

03 p.90　　**1** ⑤　　**2** ②　　**3** 일본에는 장기 기증을 하는 사람들이 충분하지 않다는 것　　**4** collect

본문해석

많은 아이들이 어디든지 갖고 다니는 가장 좋아하는 인형이나 장난감을 가지고 있다. 그러나 시간이 지날수록 이 장난감은 너덜너덜해지기 시작한다. 눈은 사라지고 팔은 떨어진다. 아이에게 이것은 매우 슬플 수 있다. 그것이 바로 도쿄에서 일하는 두 명의 직원이 이러한 장난감들을 고치기 위해 캠페인을 시작하게 된 이유이다. 그들은 기부를 통해 낡은 장난감들을 수집했다. 그런 후 그들은 기부받은 장난감들의 부품으로 아이들의 장난감을 고쳤다. 이 캠페인은 또한 더 진지한 목적이 있었다. 일본에는 장기 기증을 하는 사람들이 충분하지 않다. 이 캠페인은 사람들이 이 문제를 알게 하기를 원했다. 망가진 장난감을 위한 새 부품을 찾음으로써 두 직원은 자국의 장기 기증자 비율을 높이고 싶어 했다. 이제 캠페인은 종료되었다. 하지만 그것은 세계적인 주목을 받았고, 장기 기증의 중요성에 대한 의식을 높이는 데 성공했다.

문제해설

1 장기 기증에 대한 인식을 높이기 위해 아이들의 인형이나 장난감의 망가진 부위를 기부받은 장난감의 부품으로 고쳐 주는 캠페인에 대한 내용이다.

2 why로 시작하는 의문사절에서 주어인 two workers의 동사가 필요하고, 캠페인을 시작한 것은 과거의 일이므로 동사의 과거형인 started가 적절하다.

3 바로 앞 문장(Not enough people in Japan donate organs.)을 가리킨다.

4 어떤 것을 많이 모으다: 수집하다

구문해설

1행 Many children have a <u>favorite doll or toy</u> [**that** they carry everywhere].

　　• that 이하는 선행사 a favorite doll or toy를 꾸며 주는 목적격 관계대명사절

4행 **That's why** two workers in Tokyo started a campaign *to fix* these toys.

　　• That's why ~: 그것이 ~하는 이유이다, 그래서 ~하는 것이다

　　• to fix: '~하기 위해'라는 의미의 목적을 나타내는 to부정사의 부사적 용법

5행 Then they fixed the children's toys with <u>parts</u> [**from** the *donated* toys].

　　• from 이하는 parts를 꾸며 주는 전치사구

　　• donated: toys를 꾸며 주는 과거분사로, toys와 의미상 수동 관계

9행 **By finding** new parts for damaged toys, the workers *hoped to increase* the organ donor ....

　　• by + v-ing: ~함으로써

　　• hope + to-v: '~하기를 바라다'의 뜻으로, hope는 to부정사를 목적어로 취하는 동사

11행 But it ... **succeeded in** *increasing* <u>awareness</u> [about the importance of organ donations].

　　• succeed in: ~에 성공하다

　　• increasing은 전치사 in의 목적어로 쓰인 동명사

　　• about 이하는 명사 awareness를 꾸며 주는 전치사구

---

04 p.92　　**1** ⑤　　**2** ③　　**3** (1) 외부의 온도를 감지한다.　(2) 피부의 온도 변화를 조절한다.　　**4** colder, bigger

어느 추운 날 당신은 막 머리를 감으려고 한다. 손으로 물을 만졌을 때 물이 따뜻하게 느껴진다. 그러나 물이 머리에 닿자 매우 차갑게 느껴진다. 왜 이런 것일까? 그것은 당신이 피부에 냉점과 온점을 가지고 있기 때문이다. 이 점들은 외부의 온도를 감지하고 피부의 온도 변화를 조절한다. 이것 때문에 당신의 피부와 외부 환경 간의 온도 차이가 중요하다. 당신의 피부의 온도에 따라 같은 외부 온도도 따뜻하거나 차갑게 느껴질 수 있다. (그래서 어떤 사람들은 따뜻하거나 차가운 온도에 더 예민하다.) 사람 손의 평균 온도는 섭씨 31도이다. 그러나 사람 머리의 평균 온도는 섭씨 36도이다. 추운 날에는 손이 머리보다 더 빨리 차가워지기 때문에 이 격차는 훨씬 더 커진다. 그래서 겨울에는 같은 물이라도 머리는 차갑게 느껴질 수 있지만, 손은 따뜻하게 느껴질 수 있는 것이다.

문제해설

1 사람의 피부에는 냉점과 온점이 있어서 같은 온도를 손과 머리가 다르게 느끼게 된다는 내용의 글이다.

2 어떤 사람들은 따뜻하거나 차가운 온도에 예민하다는 내용의 (c)는 머리와 손이 느끼는 온도의 차이가 생기는 이유와는 관계가 없다.

3 5~6행 참고

4 손의 평균 온도는 머리의 평균 온도보다 섭씨 5도 더 차다. 이 차이는 추운 날에 더 커진다.

구문해설

1행 You **are about to wash** your hair on a cold day.
  • be about to-v: 막 ~하려고 하다

2행 When you touch the water with your hand, it **feels warm**.
  • feel + 형용사: ~하게 느끼다

7행 **Because of** this, the temperature difference [*between* your skin *and* the outside environment] is important.
  • because of + 명사: ~ 때문에 (*cf*. because + 주어 + 동사)
  • between A and B: 'A와 B 사이에'라는 의미로, the temperature difference를 꾸며 주는 전치사구

8행 **Depending on** your skin's temperature, the same outside temperature can feel *either* warm *or* cold.
  • depending on: ~에 따라
  • either A or B: A 또는 B (중 하나)

13행 On a cold day, **this gap** becomes *even* bigger because your hands get colder more quickly than your head <u>does</u>.
  • this gap: 손과 머리의 평균 온도의 차이를 가리킴
  • even: '훨씬'의 의미로 비교급(bigger)을 강조하는 부사
  • does: gets colder를 대신하는 대동사

REVIEW TEST

p.94

A
1 passive 2 locate 3 donate 4 adopt 5 control

1 수동적인: 상황을 바꾸기 위해 행동하지 않는

2 (~의 위치를) 찾아내다: 무언가가 어디에 있는지 알아내다

3 기부하다, 기증하다: 다른 사람들을 돕기 위해 무언가를 주다

4 채택하다: 무언가를 정식으로 받아들이고 사용하기 시작하다

5 조절하다, 조정하다: 무언가가 행동하거나 작동하는 방식에 영향을 주거나 제한하다

B   **1** ①   **2** ④   **3** ④

1 그는 무언가가 잘못되었다는 것을 감지했다.   **2** 나의 형이 이 노트북을 고쳤다.

3 부자들과 가난한 사람들의 격차가 더 커지고 있다.

C   **1** picked up   **2** search for   **3** falling[to fall] apart

SECTION ⑩

01   p.98   **1** ⑤   **2** 2천여 가지가 넘는 서로 다른 단색에 고유 번호를 부여한 것

본문해석

수많은 서로 다른 색상이 존재하지만, (그중에서도) 매년 하나의 특별한 색상을 지정하는 한 회사가 있다. 그 회사는 Pantone(팬톤)이라고 불린다. Pantone이 해마다 선정하는 '올해의 색상'은 패션과 미용 산업의 많은 결정들에 영향을 준다. Pantone은 또한 색상을 매칭해 주는 시스템으로 알려져 있다. 이 회사는 2천여 가지가 넘는 서로 다른 단색을 식별해 왔다. 각각의 색상에는 고유의 번호가 부여되어 왔다. 이 시스템은 화장품 회사, 패션 디자이너, 웹 디자이너, 인쇄업자 및 다른 전문가들에게 매우 도움이 된다. 예를 들어, 한 색상을 '검붉은색'이라 부르는 대신에 그들은 그것을 '19-1664'라고 부를 수 있다. 이것은 그들이 말하고 있는 정확한 색상을 모든 사람이 알게 해 준다.

문제해설

1 ① 특이한 직업: 색 이름 짓기   ② 역대 가장 인기 있는 색

    ③ 새로운 색을 만들어 내는 과정   ④ 색상을 매칭해 주는 시스템의 장점

    ⑤ 색을 식별하는 시스템을 만든 한 회사

    ▶ Pantone이 2천여 가지가 넘는 단색을 식별하여 고유 번호를 부여하는 시스템을 만들었고, 그 덕분에 다양한 업계가 편리하고 정확하게 색을 구별할 수 있게 되었다는 내용의 글이다.

2 5~7행 참고

구문해설

1행   ..., there is a company [**that** designates one special color each year].

      • that 이하는 선행사 a company를 꾸며 주는 주격 관계대명사절

6행   **Each color** *has been given* its own unique number.

      • each + 단수명사: '각각의 ~'라는 뜻으로, 단수 취급

• has been given: 〈have[has] been v-ed〉 형태의 현재완료 수동태

9행 For example, instead of **calling** a color "dark red," they can *call it "19-1664."*
• calling은 전치사 of의 목적어로 쓰인 동명사
• call + 목적어 + 목적격보어(명사): ~을 …라고 부르다

10행 This **allows everyone to know** the exact color [(*that*[*which*]) they're talking about].
• allow + 목적어 + 목적격보어(to-v): ~가 …하도록 허락하다, ~가 …하게 하다
• that[which] 이하는 선행사 the exact color를 꾸며 주는 목적격 관계대명사절로, that[which]이 생략됨

---

02 p.99   **1** ①   **2** it took 35 minutes to walk

본문해석

　　Comuna 13(코무나 13)은 콜롬비아에서 두 번째로 큰 도시인 Medellin(메데인)의 가난한 구역이다. 그곳은 가파른 언덕 비탈에 위치해 있다. 많은 Comuna 13 주민들은 단지 그들의 집에 오가기 위해 매일 수백 개의 계단을 올라야 했다. 그러나 이젠 그렇지 않다. 384미터 길이의 실외 에스컬레이터 건설 덕분에 그들은 이제 쉽게 언덕을 오르내릴 수 있다. 이 유용한 에스컬레이터는 탑승이 무료이다. 이것이 지어지기 전에는 (언덕의) 정상까지 걸어서 35분이 걸렸다. 그러나 이제 6분 만에 그렇게 하는 것이 가능하다. 처음에는 에스컬레이터를 사용하는 사람들이 비 혹은 뜨거운 햇빛으로부터 보호받지 못했다. 해결책으로 시 공무원들은 마침내 주황색 지붕을 추가했다. 단순한 에스컬레이터가 Medellin을 보다 더 좋게 변화시켰다!

문제해설

1　콜롬비아에서 두 번째로 크다고 한 것은 Medellin이라는 도시이다.
2　It takes + 시간 + to-v: ~하는 데 …만큼의 시간이 걸리다

구문해설

4행 Many Comuna 13 residents **had to climb** hundreds of steps every day just *to travel* ....
• had to + 동사원형: ~해야 했다 (〈have to + 동사원형〉의 과거형)
• to travel: '~하기 위해'라는 뜻의 목적을 나타내는 to부정사의 부사적 용법

8행 This useful escalator is free **to ride**.
• to ride: '~하기에'라는 뜻의 형용사(free)를 꾸며 주는 to부정사의 부사적 용법

10행 But now it's possible to **do so** in six minutes.
　　　　　　　　가주어　　　　　　　　진주어
• do so: 앞 문장의 walk to the top을 가리킴

11행 At first, people [**using** the escalator] *weren't protected from* the rain or hot sun.
• using이 이끄는 [ ]는 people을 꾸며 주는 현재분사구
• A be protected from B: 'A가 B로부터 보호받다'라는 의미로 protect A from B의 수동형

---

03 p.100   **1** ③   **2** ②   **3** ③   **4** 화산 폭발로 인한 화산재가 토질을 향상시키고 식물들이 자라는 것을 돕는다.

본문해석

　　화산 폭발이 많은 이점을 갖고 있다는 것을 알았는가? 화산이 폭발하면 공기 중으로 재를 내뿜는다. 재는 화산 주변 지역으로 퍼지고, 결국 땅 위로 떨어진다. 재에서 발견되는 영양분은 토질을 향상시키고 식물이 자라도록 돕는다. 이것 때문에 농부들은 휴화산 주변에 사는 것을 선호한다. 화산의 또 다른 이점은 화산이 많은 열과 에너지를 생산한다는 것이다.

열이 지면 아래에 있으면, 온천이 만들어지는 데 도움이 된다. (어떤 온천의 물은 너무 뜨거워서 큰 화상을 초래할 수 있다.) 게다가 세계의 많은 나라들이 심지어 전기를 만들기 위해 화산 에너지를 사용하기 시작했다. 이 모든 것 중 가장 중요한 이점은 화산이 지구의 공기와 물의 대부분을 만들어 왔다는 것이다. 화산은 우리가 지구에 사는 것을 가능하게 해 준다!

문제해설

1 화산의 여러 가지 이점에 대해 설명하는 글이다.
2 화산재의 영양분이 토질을 향상시킨다고 했지만 비료에 관해서는 언급되지 않았다.
3 온천 때문에 발생할 수 있는 화상은 화산 활동의 이점과는 관련이 없다.
4 3~5행 참고

구문해설

2행 The ash ┌ **spreads** to areas around the volcano
　　　　　　 └ and
　　　　　　 └ eventually **lands** on the soil.
　　　・동사 spreads와 lands는 and로 연결된 병렬 관계

3행 The nutrients [**found** in ash] improve the quality of the soil and help plants grow.
　　　주어　　　　　　　　　　　　　　동사1　　　　　　　　　　　동사2
　　　・found가 이끄는 [ ]는 The nutrients를 꾸며 주는 과거분사구

9행 ..., many countries around the world **have** even *begun to use* volcanic energy to make electricity.
　　　・have begun: '결과'를 나타내는 현재완료
　　　・begin to-v[v-ing]: ~하기 시작하다
　　　・to make: 목적을 나타내는 to부정사의 부사적 용법

13행 Volcanoes make it possible for us to live on Earth!
　　　　　　　　　　　가목적어 to부정사의 의미상 주어 진목적어

---

04 p.102　　**1** ④, ⑤　　**2** ⑤　　**3** ④　　**4** inconvenient, available, charged, filling

본문해석

　　수지 누나는 새 차를 살 예정입니다. 저는 누나가 전기차를 사면 좋겠는데, 누나는 원하지 않아요. 여기 전기차에 관한 저희의 의견이 있어요.

나: 전기차는 부드럽게 가요. 또한 휘발유 자동차만큼 소음을 많이 내지도 않아요. 게다가 전기차는 충전하기가 아주 쉬워요. 당신이 전기차를 갖고 있다면 주유소에 갈 필요도 없어요. 집에서 하룻밤만 충전하면 아침에는 (달릴) 준비가 될 겁니다. 전기차는 또한 환경에 훨씬 이로워요. 휘발유 자동차와 달리 전기차는 공기를 오염시키지 않아요.

수지: 제가 생각하기에 전기차는 불편해요. 주유소와 비교하면 이용 가능한 충전소가 많이 없어요. 그래서 장거리 자동차 여행을 할 때 그것이 문제가 될 수도 있어요. 전기차는 충전하는 데도 오랜 시간이 걸려요. 전기차에 40~45마일어치의 전기를 넣는 데 약 한 시간이나 걸려요. 하지만 휘발유 자동차로는 연료통을 가득 채우는 데 단 몇 분밖에 걸리지 않아요.

문제해설

1 전기차의 작동 원리와 가격에 대한 내용은 언급되지 않았다.
2 주어진 문장은 전기차가 환경에 훨씬 좋다는 내용이므로, 휘발유와 달리 공기를 오염시키지 않는다는 내용을 예로 들고 있는 문장 앞인 ⑤에 오는 것이 적절하다.

3 '~하는 데 …만큼의 시간이 걸리다'라는 뜻의 〈take + 시간 + to-v〉 구문이므로, charging이 아닌 to charge가 와야 한다.

4 수지는 전기차가 불편하다고 생각한다. 왜냐하면 이용 가능한 충전소가 많지 않기 때문이다. 게다가 전기차는 배터리가 완전히 충전되는 데 오랜 시간이 걸리지만 휘발유 자동차는 가득 채우는 데 단 몇 분이면 된다.

구문해설

1행 **My older sister**, **Suzie**, *is going to buy* a new car.
- My older sister와 Suzie는 동격 관계
- be going to-v: ~할 것이다

4행 They also don't make **as much noise as** gas-powered cars.
- as + 형용사의 원급 (+ 명사) + as ~: ~만큼 …한

9행 They are also **much** better for the environment.
- much는 '훨씬'의 의미로 비교급을 강조하는 부사 (= even, far, a lot)

14행 **It takes about an hour to** *add* 40 to 45 miles' worth of electricity *to* an electric car.
- It takes + 시간 + to-v: ~하는 데 …만큼의 시간이 걸리다
- add A to B: A를 B에 추가하다[보태다]

REVIEW TEST

p.104

A

1 available   **2** designate   **3** release   **4** resident   **5** identify

1 이용 가능한: 사용될 수 있는   **2** 지정하다: 공식적인 이름이나 제목을 주다
3 방출하다, 내뿜다: 무언가가 근원에서 퍼지게 하다   **4** 거주자, 주민: 특정한 곳에 사는 사람
5 식별하다: 특정한 것을 알아채거나 구별하다

B

1 ②   **2** ③   **3** ②

1 빛은 소리보다 더 빠르게 이동한다.   **2** 도서관에서 열리는 연례 행사가 있다.
3 하늘에 수많은 별들이 있었다.

C

1 instead of   **2** for the better   **3** fill up

기초부터 내신까지 중학 독해 완성

1316
READING LEVEL 2

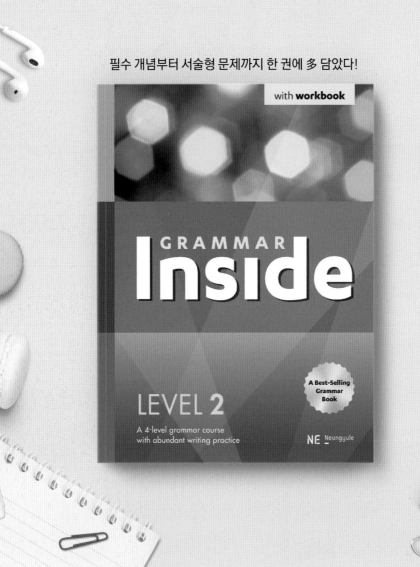